150 MILLIONS D'ÉCONOMIE

SUR LE

BUDGET DE LA GUERRE.

Imprimerie de Cosse et J. Dumaine, rue Christine, 2.

150 MILLIONS

D'ÉCONOMIE

SUR LE

BUDGET DE LA GUERRE

OU

RÉORGANISATION DE L'ARMÉE

ET AMÉLIORATION DE LA SOLDE

PAR M. LEBLANC DE PRÉBOIS

Capitaine d'état-major,

AUTEUR DES DÉPARTEMENTS ALGÉRIENS.

Simplifier.

PARIS

LIBRAIRIE MILITAIRE DE J. DUMAINE,

Fournisseur des armées de la République Française,

ANCIENNE MAISON ANSELIN,

Rue et Passage Dauphine, 36.

1848

AVANT-PROPOS.

Cet ouvrage était pensé et non encore écrit lorsqu'est arrivé le 24 février. La rapidité avec laquelle ces idées ont dû être jetées sur le papier expliquera les lacunes et les incorrections qu'on pourra y remarquer. Aujourd'hui, l'essentiel n'est pas le *détail*, mais bien *l'idée fondamentale* d'un système complet d'armée, s'appuyant sur la nation organisée en réserves réelles.

Si l'on demande pourquoi, simple capitaine avec 16 ans de grade, 25 ans de service dont 12 en Algérie, nous avons la prétention de nous ériger en organisateur, nous répondrons que le grade ne fait rien pour qui observe et pour le développement de la pensée.

Nous aurions pu, comme tant d'autres, en abdiquant cette pensée, en mettant notre plume au service des idées des autres, s'il est vrai que de mesquines combinaisons soient des idées, nous aurions pu, sans doute, acquérir un grade qui, selon le vulgaire, aurait donné du poids à nos paroles ; mais nous avons préféré combattre ce que nous avons démontré être des erreurs et rester capitaine, plutôt que d'entrer dans cette atmosphère énervante de la corruption et de l'atrophie du jugement.

Nous espérons que l'armée approuvera notre système, que les législateurs le comprendront, nous ne redoutons que les *spécialités*. Si elles prévalent dans la lutte, il faut désespérer de l'avenir de l'armée et peut-être de celui de la France.

F. DE PRÉBOIS,

Capitaine d'état-major.

INTRODUCTION.

SIGNIFICATION

DE LA THÈSE SOUTENUE SUR L'EMPLOI DE L'ARMÉE AUX
TRAVAUX PUBLICS.

Il s'est élevé naguère de graves et importantes discussions sur la question de l'emploi de l'armée aux travaux publics.

Des économistes éminents se sont déclarés pour l'affirmative, et des hommes de guerre, partisans zélés des saines doctrines militaires, se sont prononcés pour la négative.

Les deux thèses ont été si habilement discutées de part et d'autre, que les législateurs qui étaient dans l'incertitude parce qu'ils ne connaissaient pas bien les éléments de la question, y sont demeurés par suite de la valeur des arguments mis en avant des deux côtés ; en sorte que la question est encore pendante.

Notre état militaire de la paix coûte près d'un million par jour à la France ; et si, contre toute prévision, la guerre éclatait, cette somme serait plus que doublée, sans compter les charges que la guerre laisserait peser sur l'Etat encore pendant de longues années après la conclusion de la paix.

Il n'est donc pas surprenant que, pour dégrever la France, les publicistes et les économistes fassent trop bon marché des institutions militaires vis-à-vis les militaires qui, de leur côté, croient qu'on ne saurait acheter trop cher la conservation d'un état militaire qui est la plus sûre garantie de l'indépendance de la patrie.

Selon nous, la question ne trouve pas sa solution dans les écrits des économistes ; car il est démontré que les travaux exécutés par l'armée sont beaucoup plus coûteux que s'ils l'étaient par des travailleurs civils, et que la discipline, sans laquelle il n'y a pas d'armée possible, recevrait de rudes atteintes du rôle subalterne de surveillants des travaux, réservé aux officiers qui n'en seront point les ingénieurs. En un mot, les soldats seront de médiocres travailleurs, et les travailleurs enrégimentés feront à coup sûr de mauvais soldats.

Ainsi le mot *d'armée industrielle* qui commence à prendre place dans le langage moderne, est tout simplement un *non-sens*, ainsi que l'a victorieusement démontré, dans un remarquable écrit, M. le lieutenant général Oudinot.

Nous disons, nous, que l'industrie n'a nullement besoin d'être enrégimentée pour prospérer; son principal mobile est l'intérêt matériel, lequel ne peut au même degré, ni avec la même signification, devenir celui de l'armée.

Mais si nous sommes forcé de donner raison au plaidoyer des militaires, il ne s'ensuit pas que nous donnions tort aux économistes. A notre sens, toute la question doit se résoudre, non par un profit quelconque obtenu par les travaux de l'armée, mais par une notable diminution dans le budget de la guerre, *diminution* que d'avance nous annonçons pouvoir être de 140 à 150 millions par an, et qu'on obtiendra en organisant un pied de paix rationnel, c'est-à dire tel que la France ne soit jamais désarmée en face de l'Europe.

Ce problème, *augmentation de force* et *diminution de dépense*, peut paraître insoluble à ceux qui ne savent pas combien de gigantesques rameaux parasites vivent aux dépens du budget de la guerre, combien de cryptogames végètent sur ce corps obèse, et combien toutes ces excroissances gourmandes enlèvent de force et de vigueur à l'armée.

Nous ne signalerons que quelques-unes de ces causes d'affaiblissement et de dépenses, car il faudrait plusieurs volumes pour les combattre toutes ; la marche que nous suivrons, sera à la fois plus simple et plus rationnelle ; nous dirons ce qui *doit être*, et le lecteur pourra en conclure tout ce qu'il faut retrancher.

L'économie de 140 à 150 millions *par an*, que nous venons d'annoncer dépassera, à coup sûr, le chiffre que les économistes ont espéré obtenir par les travaux de l'armée ; sous ce rapport, leurs vœux seront sans doute remplis quand ils auront reconnu la possibilité de la réaliser. Quant aux militaires, qu'ils se donnent la peine de lire ce livre jusqu'à la fin, et ils reconnaîtront que, loin d'avoir à perdre par la réalisation de notre projet, ils ne pourront qu'y gagner.

En 1840, avec une armée dont l'effectif dépassait 400,000 hommes, la France ne put être prête à braver des menaces de guerre. Les chevaux pour la cavalerie et l'artillerie manquèrent; et l'on dépensa des sommes énormes pour n'acheter que le rebut des écuries étrangères, rebut qui ne fut d'aucun usage et qu'on dut réformer peu de temps après.

Nous ne rechercherons pas pourquoi nous n'avions en 1840, ni cavalerie, ni artillerie disponible; notre but n'est pas de récriminer; nous avons dû constater un fait, fait d'autant plus saillant que le budget de la paix, y compris les crédits supplémentaires, n'est pas moindre d'un million de francs par jour, et *qu'avec une dépense aussi exorbitante, on n'est pas plus préparé à la guerre qu'en* 1840.

Un vieil adage dit cependant : *Si vis pacem para bellum*, et de son côté le maréchal de Trivulce répétait souvent: *Pour faire la guerre, il faut trois choses, de l'argent, de l'argent et encore de l'argent.* Pense-t-on *que dépenser un million par jour, pour n'être jamais préparé à la guerre*, soit l'application judicieuse du *Si vis pacem para bellum?* Et si le mot du maréchal de Trivulce est vrai, comme l'expérience ne l'a que trop prouvé, où seraient les ressources de l'Etat pour faire la guerre, si les dépenses militaires de la paix sont de 360 millions par an?

Nous sommes donc autorisé à affirmer que nos ressources financières étaient prodiguées sans discerne-
ment, sans utilité pour la France, au détriment de son
honneur, car il est vrai qu'un Etat désarmé, et hors
d'état de faire la guerre, est toujours exposé à subir la
honte du vaincu et la loi du vainqueur.

Dès à présent, nous pouvons annoncer le but que
nous nous proposons : 1° abolir la conscription ;
2° rendre la carrière militaire assez attrayante pour
que l'armée se recrute largement par engagements
volontaires ; 3° faire rentrer le budget militaire de
la paix dans la limite de 220 millions, au lieu de
360 millions, sans affaiblir la force militaire de la
France au dehors, avec la facilité de passer du pied
de paix au pied de guerre presque immédiatement :
4° enfin trouver dans un système de réserve organisée, une ressource de 60 millions au moins, lesquels
viendront dégrever d'autant le chiffre de 220 millions
que nous assignons au budget de l'armée ou pourvoir au budget des retraites militaires.

CONSIDÉRATIONS

SUR LE RÔLE DES DIFFÉRENTES ARMES A LA GUERRE.

Pour arriver à démontrer comment on peut faire descendre le budget de l'armée dans les limites indiquées ci-dessus, nous avons besoin d'exposer diverses considérations nouvelles sur le rôle des différentes armes dans les batailles, considérations que nous mettons à la portée des législateurs non militaires, afin que les spécialités militaires ne puissent opposer des fins de non-recevoir à nos projets de réduction du budget militaire de la paix.

Si l'on ouvre un traité d'art militaire quelconque, on y trouve invariablement consigné, que la cavalerie doit être avec l'infanterie dans le rapport de 1 à 5 pour le nombre d'hommes, et de 1 à 6 pour le nombre de chevaux : en sorte qu'étant donné l'effectif de l'infanterie, on *doit* en déduire celui de la cavalerie : La même méthode est employée pour déterminer le chiffre de l'artillerie et des équipages, et cette méthode donnée comme infaillible, est, dit-on, le résultat de l'expérience.

C'est aussi sur la foi d'une prétendue expérience, que les organisateurs et les comités taillent, rognent les effectifs, créent des pieds de paix absurdes sans bien se rendre compte des motifs qui les font agir.

Si à cette *recette* pour former une armée, donnée par les écrivains militaires, on ajoute certains dictons ayant force de loi chez un trop grand nombre de militaires, sans excepter les sommités de l'armée, dictons ainsi formulés, *l'infanterie est la reine des batailles,* ou bien *l'infanterie est la seule arme qui peut faire la guerre sans le secours des autres,* on concevra que les organisateurs ont cru avoir tout prévu quand ils ont créé une infanterie considérable et réduit à ce qu'ils appellent le pied de paix, *la cavalerie* et *l'artillerie;* quand ils ont laissé prendre à des superfluités, dont le temps de guerre fait justice, des proportions telles que le budget militaire de la paix, est presque double de ce qu'il devrait être.

Fuyant donc les sentiers de la routine, si commode pour ceux qui ne tiennent pas essentiellement à comprendre, nous ne dirons pas avec les auteurs didactiques sur l'art de la guerre : une armée se compose de tant d'infanterie, tant de cavalerie, tant d'artillerie et tant d'équipages, mais nous dirons, une armée se compose :

1° D'un élément actif ou agressif ;

2° D'un élément passif ou défensif ;

3° D'impédimenta.

L'élément actif, c'est la cavalerie et l'artillerie.

L'élément passif, c'est l'infanterie.

Les impédimenta sont les bagages, les parcs d'approvisionnements et les non-combattants.

Pour expliquer mieux notre pensée, prenons l'exemple d'un combat singulier entre deux chevaliers armés de toutes pièces, armure, bouclier, lance et épée ; il est évident que pour chacun des combattants l'élément actif, ou celui destiné à agir sur l'ennemi, est la lance et l'épée, et que l'élément passif est le bouclier et l'armure.

Or, le mouvement du bouclier étant subordonné aux mouvements du bras ennemi qui tient l'épée ou la lance, le bras qui porte le bouclier doit sans cesse s'étudier à couvrir chez lui le bras qui tient l'épée et la lance.

Celui des deux chevaliers qui se servirait de son bouclier pour frapper son ennemi, sans se servir ni de l'épée, ni de la lance, aurait évidemment un désavantage énorme, se découvrirait, ferait de faux mouvements, et serait bien vite vaincu puisqu'il ne porterait aucun coup.

De même, celui qui dans le combat ne s'attacherait

qu'à marteler le bouclier de son adversaire à coups d'épée, dans l'intention de le briser et de l'en priver, courrait le risque d'abord de briser son épée, et, en second lieu, de voir l'épée de l'adversaire l'atteindre aisément, puisqu'aucun coup ne serait paré.

Dans le combat de ces deux chevaliers, la victoire restera au plus fort, au plus exercé, au plus adroit, à celui qui aura su choisir l'avantage du terrain, le côté où le soleil n'éblouit pas les yeux, à celui qui, devant le glaive de son adversaire, aura conservé le plus de sang-froid pour attaquer et parer, enfin à celui qui aura montré le plus de ténacité au combat. Cette dernière vertu est essentielle ; car souvent elle fait tourner la chance, et tel qui a eu d'abord l'avantage, venant à se négliger ou à se lasser, mollit devant celui qui a l'énergie de revenir au combat avec insistance.

Ce qui se passe entre ces deux chevaliers doit nécessairement se passer entre deux armées ; les deux généraux en chef sont les deux chevaliers; leur bouclier c'est leur infanterie; leur glaive, leur lance, c'est leur cavalerie et leur artillerie.

Malheur à celui qui ne saurait frapper son adversaire que de son bouclier, c'est-à-dire avec son infanterie, comme malheur à celui qui risquerait de briser son épée ou sa cavalerie en ne cherchant qu'à frapper le bouclier de son ennemi, c'est-à-dire son infanterie. Le premier ignorerait certainement l'emploi de la cavalerie ou de l'épée, et le second en ferait un usage abusif. Tous les deux, à coup sûr, se compromettraient gravement dans le combat. Là peut-être est le secret de la médiocrité de tant de chefs d'armée, et de la perte de tant de combats qui auraient eu une tout autre issue, avec une connaissance plus approfondie de l'emploi utile de chaque arme.

Autrefois, avant l'invention de la poudre à canon, les armes de jet étaient d'un effet presque nul; on ne voyait pas les armées face à face, passer plusieurs heures à se lancer des javelots; après la première décharge, si l'on peut s'exprimer ainsi à propos des traits des anciens, les armées s'abordaient corps à corps, homme à homme, la bataille devenait une immense quantité de combats singuliers, et la victoire générale se composait d'une masse de victoires particulières ; les manœuvres étaient presque inutiles et le champ de bataille restait à celui qui avait non-seulement vaincu son adversaire, mais à celui qui l'avait tué ou blessé dangereusement : dans ce temps-là une armée vaincue était une armée presque détruite.

On conçoit qu'alors l'infanterie était la reine des batailles, qu'elle devait être composée d'individualités fortes, intelligentes et très exercées. On conçoit que les armées d'autrefois étaient faibles quand elles étaient composées de recrues d'infanterie trop nombreuses.

Mais il n'en est plus de même aujourd'hui depuis l'invention des armes à feu. Dans les batailles modernes on s'aborde rarement ; le canon et la fusillade font tout ; on se décime souvent sans se voir, et le conscrit le plus novice tue souvent le plus vieux et le plus vaillant soldat ; on manœuvre, c'est-à-dire que l'on peut choisir son point d'attaque, y rassembler plus de forces que n'en a l'ennemi et l'accabler de feux convergents et condensés, ayant un plein et entier effet ; tandis que dans les armées anciennes, le combat corps à corps, étant presque la seule manière efficace de combattre, tout ce qui ne trouvait pas d'adversaire en face était inoccupé.

Les armées anciennes tiraient un immense avantage des fortifications de campagne, aussi en faisaient-elles un grand usage. Avec des vivres et un camp retranché, une armée ancienne pouvait s'éterniser dans une contrée ennemie (la plupart de ces camps sont devenus des villes importantes). Aujourd'hui il n'en est plus de même, le canon fait raison des fortifications les plus solides et on calcule au juste la courte résistance dont elles sont susceptibles.

Quand des généraux actifs et habiles furent à la tête des armées, l'usage des fortifications de campagne devint très rare ; les mouvements des troupes sous ces hommes d'élite, furent si rapides, qu'on n'avait plus le temps de construire ni redoutes ni retranchements, et encore moins de les utiliser; car souvent, une fois construits, l'ennemi contre lequel ils devaient servir, manœuvrait à 30 ou 40 lieues plus loin. Sous l'empire, ce fut par exception qu'on employa les ouvrages de campagne.

Mais si la fortification de campagne est moins employée dans une guerre active, le besoin ne s'en fait pas moins vivement sentir; il n'est pas de bataille où une redoute n'eût rendu d'immenses services si on avait pu la construire; et certes, s'il était possible de faire marcher sur des roues les ouvrages de campagne, on en userait plus fréquemment pour occuper une position, pour appuyer les flancs d'une armée. A défaut donc de ce moyen impraticable, il fallut en inventer un autre; il fallut à tout prix se procurer des redoutes et des retranchements mobiles dont on ne pouvait se passer; alors, à défaut de matière plastique mobilisable, on imagina de la remplacer par des corps humains; trois corps d'hommes formèrent le parapet d'un retranchement qui, à chaque trouée de canon, avait la merveilleuse faculté de se rejoindre. Ce parapet vivant eut, en outre, l'immense avantage de fournir lui-même les feux qui en couronnent les crêtes.

C'est à cette *sublime* invention que l'infanterie doit d'être portée à un chiffre aussi élevé qu'elle l'est dans la guerre moderne.

Si quelqu'un était assez aveugle pour se récrier contre cette assertion, nous le renverrions à la théorie des manœuvres de l'infanterie; toutes, sans exception, ont pour objet de transporter le plus rapidement possible, ce parapet en chair humaine, dans toutes les directions, de faire face de tous les côtés, ou de former des carrés (véritables redoutes vivantes), selon les nécessités du combat.

Le rôle de l'infanterie a donc complétement changé à la guerre, depuis l'invention des armes à feu; d'éminemment active qu'elle était, elle est devenue passive. Elle est devenue l'élément conservateur des armes actives, l'élément de résistance; elle pâtit la guerre plutôt qu'elle ne la fait.

Sans doute, il est des circonstances où l'infanterie joue, *relativement*, un rôle actif et agressif, c'est quand elle s'empare de vive force d'une position qu'elle doit occuper et dont on veut déloger l'ennemi; mais tout en prenant l'offensive, elle ne sort pas de son rôle passif, car c'est toujours comme point résistant, comme bouclier qu'elle est lancée sur cette position; c'est comme retranchement mobile que le général en chef la meut; souvent même on la sacrifie en la massant inerte et immobile sous le feu de plusieurs batteries pour masquer un mouvement. S'agit-il d'un assaut, l'infanterie, certainement, y joue un rôle agressif, mais là encore, c'est comme masse résistante et après que l'artillerie a rempli son devoir, qu'on la pousse sur la brèche dans l'espoir qu'il survivra assez d'hommes pour faire masse dans la place. En montant à l'assaut on ne combat guère, le premier rang seul peut le faire.

Employée en tirailleurs, l'infanterie change un peu de rôle, cependant elle ne s'élève pas à l'importance d'élément actif; elle ne porte point de coup, elle tâte l'ennemi, l'inquiète, lui blesse du monde, encombre ses ambulances, mais aussi, malheur aux tirailleurs qui s'aventurent hors de portée de fusil, de leurs réserves, ils s'exposent à être rapidement balayés par quelques escadrons et, souvent même, dans la confusion qui a lieu, lors de la rentrée des tirailleurs, les réserves peuvent être écrasées par ces escadrons.

Loin de nier l'extrême importance de l'infanterie, nous avons voulu préciser son rôle à la guerre; l'infanterie n'a jamais fait défaut à l'empereur, bien que sur la fin de son règne, elle ait eu beaucoup de très jeunes recrues dans ses rangs : elle avait de vieux cadres, débris de ces innombrables soldats qui, depuis 1792, couvraient les champs de bataille de l'Europe. C'est avec ces recrues et ces vieux cadres qu'ont été gagnées les batailles de Lutzen et Bautzen, victoires restées stériles parce que l'élément actif, *la cavalerie* n'y était qu'en nombre insuffisant; parcequ'en un mot, il ne restait à l'empereur que son bouclier pour combattre; parce que son épée était brisée et qu'il n'avait rien préparé pour en avoir d'autres en réserve. Il a fort habilement manœuvré avec ce bouclier qui était excellent et avec le tronçon de son épée ; mais, enfin, il ne lui restait qu'un bouclier et pas d'épée, il devait succomber, c'est ce qui est arrivé.

C'est de même pour avoir sans cesse attaqué les Arabes avec le bouclier seul, c'est-à-dire avec de l'infanterie, qu'il a fallu 100 mille hommes pour vaincre Abd–el–Kader, et dépenser pendant 7 années près de 100 millions par an.

Il résulte de l'expérience des guerres modernes, qu'on a toujours pu présenter sur un champ de bataille une infanterie respectable, même avec des recrues, pourvu qu'on les enfermât dans de vieux cadres, et il restait toujours assez de vieux soldats pour former ces cadres.

Mais si l'infanterie a trouvé le moyen de se recruter, même au fort de la guerre, il n'en a pas été de même de la cavalerie, qui manqua presque complétement à l'armée française depuis la campagne de Russie. Donc, si une arme aussi essentiellement utile que la cavalerie manqua, c'est qu'il n'était pas possible de l'improviser, comme on a pu le faire de l'infanterie. Il faut donc en temps de paix l'entretenir au grand complet et toujours sur le pied de guerre.

« Il ne faut jamais toucher à la cavalerie, disait le « maréchal de Saxe ; les vieux cavaliers et les vieux « chevaux sont les meilleurs ; tout ce qui est recrue « ne vaut absolument rien. C'est une charge et une « dépense pour l'Etat, mais elle est indispensable. » Il ajoute : « Quant à l'infanterie, pourvu qu'il y ait de « vieilles têtes, on fait des queues tant que l'on veut. »

Dans un autre passage, le même maréchal de Saxe, après avoir donné sa formation des escadrons, dit : « Voilà la formation des escadrons qu'on ne doit ja-« mais diminuer, parce qu'il faut bien du temps pour « former un cavalier, parce qu'il n'y a que les vieux « chevaux de bons à la guerre, et que ce doit être « un corps solide. »

De tout ce qui précède, on peut conclure actuellement avec connaissance de cause, que la *vraie reine des batailles est la cavalerie ;* si ce rang, qui est échu de nos jours à la cavalerie, n'est plus, selon nous, le partage de l'infanterie, ce n'est pas nous qu'il en faut accuser, mais bien *Berthold Schwartz* ou *Roger Bacon*, auxquels on attribue l'invention de la poudre à canon. Seulement, nous soutenons que persister dans l'erreur qui donne la prééminence partout à l'infanterie, qui exclut presque les généraux de cavalerie ceux de l'artillerie du commandement des armées, est une faute grossière, qui a causé bien des désastres et qui expliquerait bien des revers et des insuccès, si l'on analysait l'histoire militaire sous ce point de vue.

Ferons-nous justice de cette croyance vulgaire en vertu de laquelle l'infanterie est censée la seule arme qui puisse faire la guerre sans le secours des autres. Peu de mots nous suffiront.

La guerre est l'état de deux nations qui, n'ayant pu s'entendre à l'amiable sur un intérêt quelconque en litige, ont recours à l'emploi de la force pour faire triompher ce que chacune d'elles croit son droit.

Le but de la guerre est donc de mettre son adversaire hors d'état de la faire ou de la continuer, en s'emparant le plus promptement possible des ressources au moyen desquelles elle est possible, c'est-à-dire des finances et des approvisionnements en armes, munitions et vivres.

Supposons actuellement que pour remplir ce but on n'ait que de l'infanterie en nombre aussi considérable qu'on le voudra, admettons même qu'on remporte une première victoire sur le territoire même de l'ennemi : que fera ensuite l'armée victorieuse. Elle ne pourra poursuivre l'ennemi fuyant dans diverses directions sans se fractionner elle-même et sans s'exposer à une défaite en détail. Elle pourra bien parcourir seule le territoire ennemi, mais lentement ; elle sera arrêtée par le moindre village retranché, et il ne faudra pas qu'elle songe à prendre la moindre place forte, où sont ordinairement renfermées les ressources de la guerre.

Si on entend par la guerre, l'action de combattre

sur le champ de bataille, sans s'occuper du but ni des résultats, peut-être est-on dans le vrai, l'infanterie seule peut livrer bataille; mais fait-on la guerre pour combattre? Combattre est le moyen et non le but. Or, nous venons de faire voir que l'infanterie ne peut gagner que des victoires stériles.

L'infanterie, dira-t-on, est la seule arme qui puisse faire la guerre dans les montagnes : nous répondrons que la guerre de montagne est accidentelle. On traverse des montagnes, on y combat même avec acharnement, mais c'est pour en sortir, entrer dans les plaines et arriver auprès des villes qui contiennent les ressources de l'ennemi, ou bien sur des champs de bataille où le jeu de toutes les armes étant possible, la victoire soit complète, et amène la reddition de ces villes.

Un général qui se réfugierait dans les montagnes et qui s'y maintiendrait, perdrait son armée : voici ce que dit l'empereur sur la guerre de montagnes (*Mémoire de Montholon*, t. 3, p. 37) : « Les armées fran-« çaises campées sur les crêtes de la chaîne supérieure « des Alpes, sur une demi-circonférence de 60 lieues « d'étendue, depuis le Mont-Blanc jusqu'aux sources « du Tanaro, *périssait de misère et de maladies* ..... « Les pertes qu'éprouvait l'armée dans les hôpitaux « tous les 3 mois, auraient pu suffire à la consommation « d'une grande bataille ; cette défensive était plus « périlleuse pour les hommes qu'une campagne of-« fensive. »

Si nous avons su porter la conviction dans l'esprit de nos lecteurs, on conclura qu'il faut, en temps de paix, maintenir au grand complet de guerre les armes qui ne s'improvisent pas et qui pour être bonnes, ont besoin d'éléments très exercés, telles sont *la cavalerie* et *l'artillerie*.

Ainsi donc, au lieu de baser l'effectif de la cavalerie et de l'artillerie, sur celui de l'infanterie, il faut, au contraire, qu'un gouvernement calcule le nombre de chevaux qu'il doit entretenir en temps de guerre et le tienne toujours au complet, en temps de paix : les réductions de la paix devront porter sur l'infanterie qui peut aisément se compléter si la guerre vient à éclater, et dont, en attendant, il ne s'agit que d'entretenir les cadres.

La France doit avoir un effectif disponible pour la guerre de 60,000 cavaliers; ce qui comporte un chiffre total de 75,000 chevaux et de 86,000 hommes. L'artillerie doit également être maintenue continuellement à un complet de guerre, que nous expliquerons au chapitre de l'artillerie ; l'infanterie doit descendre à un effectif de 61,900 hommes, organisés comme il sera indiqué au chapitre de l'infanterie, et pouvant fournir en cas de guerre des cadres à 300 bataillons et 6 vieux soldats par compagnie.

Nous annonçons d'avance que le budget de la cavalerie, avec des soldes bien améliorées, ne dépassera pas. . . . . 100 millions.
Que celui de l'infanterie n'ira qu'à.   35   id.
Que celui de l'artillerie avec 36 batteries à cheval, du génie et des équipages, sera de. 35   id.
Que la gendarmerie augmentée en solde et en nombre, n'ira qu'à.. . . 25   id.

Auxquels nous ajouterons 25 millions pour l'entretien des fortifications, la solde des états-majors, celle du corps de l'intendance, et les dépenses du ministère de la guerre. Total, 220 millions.

Le chiffre total de l'armée sur le pied de paix, sera de 197,900 hommes, avec cavalerie, artillerie et trains au complet de guerre, et gendarmerie augmentée.

Un effectif de 197,900 hommes est plus que suffisant pour aider les gardes nationales à reprimer quelques troubles ; une armée de 500 mille hommes serait insuffisante pour conjurer une révolution, si toutefois il était possible de séparer l'armée de la cause de la nation.

L'armée avait bien compris, lorsque d'en haut elle a entendu descendre cette terrible parole, *Enrichissez-*

vous, qu'elle se trouverait en dehors de ce *steeple-chase* aux richesses : elle avait bien compris que ces mots étaient le signal d'un affreux combat, entre les travailleurs et les agioteurs ; elle avait bien prévu que la moralité des combattants resterait la première sur le champ de bataille; elle a vu une des sommités de son échelle hiérarchique écrasée par la meule impure du mercantilisme; elle voyait tous les jours les grades supérieurs prodigués en échange de votes complaisants.

L'armée avait bien compris qu'une bonne partie de ceux qui votaient les concessions de nos richesses nationales, étaient en première ligne au rang de ce qu'elle nomme *parties prenantes.*

L'armée savait que sur trente-quatre députés militaires en 1845, vingt-neuf avaient voté pour l'indemnité de ce Pritchard qui soulevait les Taïtiens contre nos soldats ;

Si elle est demeurée silencieuse, elle n'avait rien oublié ;

Certes, elle devait rester impassible dans la revanche que la nation a prise contre les prévaricateurs.

Il ne faut donc plus s'abuser; le pied de paix ne peut pas continuer à être une armée entretenue en vue de la répression intérieure, mais bien pour mettre la nation à l'abri des attaques de l'étranger. Conséquemment, comme nous l'avons démontré, les armes qui, à la guerre, sont l'élément éminemment *actif,* c'est-à-dire *la cavalerie* et *l'artillerie,* doivent sur-le-champ être portées et maintenues au grand complet de guerre, car on ne peut les improviser.

Tout au contraire, l'infanterie, ou bien l'élément *passif* qui peut s'improviser, moyennant la conservation de bons cadres, doit être réduite presqu'à l'entretien de ces cadres en temps de paix. C'est ainsi qu'on sera toujours prêt pour la guerre, tout en ménageant les ressources financières de la France.

SOLDE DES TROUPES.

Malgré l'énormité du chiffre actuel des dépenses du département de la guerre, l'armée souffre; elle n'est pas satisfaite; si l'on est tenté de contredire cette assertion, nous invoquerons, à défaut du témoignage de l'armée que nous ne voulons pas prendre pour juge dans cette cause, celui de M. le lieutenant-général Oudinot, on lit, p. 255 de son ouvrage sur l'*Application des troupes aux travaux publics* : « mais on ne peut
« contester que la prospérité générale contribue à ef-
« facer insensiblement dans l'armée les traditions et à
« éloigner de ses rangs l'élite de la jeunesse, aussi
« s'accorde-t-on à reconnaître que l'esprit militaire
« s'altère et s'affaiblit tous les jours. »
   « Les hommes qui se consacrent à la carrière
« des armes ne trouvent dans les circonstances ac-
« tuelles, ni des satisfactions d'amour-propre, ni un
« bien-être en rapport avec les exigences du service,
« et les sacrifices qu'il impose. Il est donc indispen-
« sable d'améliorer le sort des défenseurs du pays. »
   « Nous avons signalé le danger d'introduire dans
« l'armée, des idées de lucre et de spéculation qui
« excluent le dévouement et l'abnégation personnelle.
« Nos convictions à cet égard sont invariables. Mais
« s'il est prudent d'éloigner de l'armée les préoccu-
« pations et les calculs de l'intérêt privé, il est juste
« que l'Etat mette à l'abri du besoin les hommes qui
« se vouent à son service. L'armée est pauvre ; elle
« est pauvre par le fait même de sa constitution ; son
« entretien doit conséquemment occasionner des dé-
« penses considérables ; car, si elle se trouvait humi-
« liée de son indigence, elle pourrait mettre en péril
« l'ordre social qu'elle est chargée de protéger. Il faut
« donc que la condition des sous-officiers et des soldats
« soit assez heureuse pour que les fils de propriétaires
« ne craignent pas de s'engager sous les drapeaux ; il

« faut que les officiers de tous grades y trouvent de
« quoi exister d'une manière honorable, alors même
« qu'ils sont privés de fortune personnelle. »

M. le lieutenant général Oudinot a signalé le mal;
mais il s'est contenté d'exprimer l'opinion qu'il faut y
remédier, ce qui autorise le lecteur à conclure tout
naturellement qu'il ne s'agit que d'une augmentation
du chiffre déjà si formidable du budget de l'armée.

S'il n'y avait effectivement d'autre moyen à employer que de grever l'Etat de nouvelles charges, nous
serions les premiers à désespérer du sort de l'armée,
et à renoncer à l'améliorer à ce prix. Mais on peut
réaliser ce vœu de M. le lieutenant général Oudinot,
tout en opérant d'importantes économies sur le budget
militaire de la France; pour y parvenir, il faut refaire
de fond en comble la loi de recrutement. Nos traditions
sont bonnes, nous ne pouvons pas en dire autant de nos institutions militaires. Il faut donc re-
construire l'édifice militaire de la France sur de nouvelles bases, plus en harmonie avec les besoins et le
génie de la nation.

Après l'opinion de cet officier général si distingué sous tous les rapports, nous citerons celle d'un
publiciste non moins distingué et dont l'intelligence de
ce qui fait la prospérité des états est devenue presque
proverbiale, M. Emile de Girardin répète, dans la *Presse*
du 1er novembre 1847, cette idée qui avait déjà paru
dans ses ouvrages politiques. « Nous croyons, dit-il,
« que le service militaire ne devrait déjà plus être con-
« sidéré *comme une dette du citoyen envers son pays,*
« mais comme un état non moins libre que l'état ec-
« clésiastique, destiné à venir au secours de l'encom-
« brement de toutes les professions, à le diminuer;
« nous croyons que les armées nombreuses ne sont
« pas les plus fortes et celles qui garantissent le plus
« sûrement le maintien de l'ordre; nous croyons que
« l'*incorporation volontaire,* combinée avec une durée
« de service très longue et un système de retraites
« praticable, est le seul moyen qui permette de ré-
« duire considérablement la dépense, et d'avoir, en un

3

« temps où les guerres deviennent chaque jour plus
« improbables, une armée qui soit vraiment une ar-
« mée d'élite, composée d'un petit nombre d'hommes,
« mais tous biens choisis et bien payés. »

Avant ces publicistes, le maréchal de Saxe avait
dit :

« Sans entrer dans le détail des différentes paies,
« je dirai seulement que la paie doit être forte : *il vaut*
« *mieux avoir un petit nombre de troupes bien entre-*
« *tenues et bien disciplinées, que d'en avoir beaucoup*
« *et qui ne le soient pas* : ce ne sont pas les *grandes*
« armées qui gagnent les batailles, ce sont les *bonnes*.
« L'économie ne peut être poussée qu'à un certain
« point ; elle a ses bornes après quoi elle dégénère en
« lésine. Si vous ne donnez pas des appointements
« honnêtes aux officiers, vous n'aurez que des gens
« riches qui servent par libertinage, ou des misérables
« dont le courage est abattu. Je fais peu de cas des
« premiers, parce qu'ils ne tiennent pas au mal-être,
« ni à la rigueur de la discipline; leurs propos sont
« toujours séditieux et ce ne sont que des francs li-
« bertins. Les seconds sont si abattus que l'on n'en
« saurait attendre grande vertu; leur ambition est
« bornée, *parce que* l'objet qu'ils ont devant eux ne
« les intéresse guère, je veux dire l'*avancement* qu'ils
« ne peuvent avoir : et misérables pour misérables,
« ils aiment autant rester ce qu'ils sont; surtout lors-
« que le grade leur devient à charge. »

« L'espérance fait tout endurer et tout entreprendre
« aux hommes; si vous la leur ôtez, ou qu'elle soit
« trop éloignée, vous leur ôtez l'âme. Il faut que le
« capitaine soit mieux que le lieutenant, ainsi de tous
« les grades. Il faut que le pauvre gentilhomme re-
« garde comme une fortune très considérable, et non
« comme une charge d'avoir un régiment, et qu'il
« soit moralement sûr de parvenir par ses actions et
« ses services. Lorsque ces choses sont bien compas-
« sées, vous pouvez contenir vos troupes dans la dis-
« cipline la plus austère. Il n'y a de vraiment bons
« officiers que les pauvres gentilshommes qui n'ont

« que la cape et l'épée, *mais il faut qu'ils puissent*
« *vivre honnêtement de leur emploi. L'homme qui se*
« *voue à la guerre doit la regarder comme un ordre*
« *dans lequel il entre ;* il ne doit avoir ni connaître
« d'autre domicile que sa troupe, et se tenir honoré
« de son emploi. »

On le voit, le mal est ancien, il serait temps d'y
remédier.

Peut-être se présentera-t-il, parmi nos contradic-
teurs futurs, quelque érudit qui, pour combattre cette
nécessité reconnue de l'amélioration de la situation de
l'armée, empruntera à un grand homme de guerre de
l'antiquité, César, nous croyons, ce mot : *qu'une armée pour être bonne doit être pauvre ;* si cette objec-
tion nous était faite, nous dirions que le mot de César
est aussi mal interprété que l'est aujourd'hui l'adage
Si vis pacem para bellum. Le mot de César ne veut
pas dire qu'on doive tenir l'armée dans la misère,
dans les privations continuelles, dans l'abjection ; il
signifie simplement que les armées doivent être, autant que possible, recrutées dans les classes de la nation qui ne possèdent rien, afin que chacun considère
son emploi comme une fortune, comme une profession
qui lui donne honneur et bien-être, c'est ainsi que l'explique le maréchal de Saxe, comme on peut s'en assurer dans la citation ci-dessus.

Pour avoir de *vieux* et *bons* cavaliers, il faut améliorer la situation du soldat, de telle façon qu'en com-
parant son métier à celui des travailleurs de l'ordre
civil, il ne le trouve pas plus mauvais. L'Etat croit-il
avoir tout fait quand il a habillé le soldat, et qu'il lui
a fourni sa nourriture ? Selon nous, quand l'Etat n'a
fait que cela pour le soldat, il n'a pas plus fait pour lui
qu'un maître n'a fait pour ses chevaux, pour des bêtes
de somme, quand il les a harnachés et les a nourris
afin d'en obtenir un travail ; mais si cela est suffisant
pour des animaux, cela ne peut l'être pour des hommes;
les hommes vivent dans un milieu social qui fait naître
en eux certains besoins, ou plutôt des nécessités qu'il
faut satisfaire, non avec luxe, mais à une dose suffi-

3.

sante. Pense-t-on que si le soldat pouvait de temps
en temps boire un verre de vin ou de bière, ou enfin
d'eau-de-vie, il en prendrait avec excès, quand s'offre
à lui la rare occasion d'y goûter. Le tabac est hygié-
nique pour le soldat; peut-il en user? non certes.
Peut-il même, s'il a du penchant à l'économie, mettre
quelques sous en épargne, encore moins.

L'État a donc placé le soldat dans la situation d'un
animal qui est nourri, logé et harnaché, et rien de
plus; l'État a placé un être pensant, civilisé, *en marge
de toutes les jouissances*, pour nous servir d'une ex-
pression empruntée à M. de Balzac, sans lui en accor-
der aucune, ne lui réservant pour la moindre faute,
qu'une inexorable discipline, reconnue, nous ne le con-
testons pas, nécessaire à l'existence même d'une
armée.

Est-il donc bien étonnant que la coercition soit devenue le seul moyen de recruter une armée, et que sur
560 mille hommes appelés en sept ans sous les drapeaux, 80 mille échappent à l'obligation de servir en
achetant un remplaçant?

Pour avoir de bons soldats, améliorez le métier, de
façon que le grade de soldat soit une place pour laquelle il y ait des candidats, et alors vous pourrez
fixer la durée de l'engagement volontaire à 12 ans,
renouvelable pour autant de temps, et renouvelable
encore pour 6 ans, pour les soldats qui voudront avoir
droit à une retraite; alors non-seulement vous pourrez
choisir vos hommes, mais vous pourrez rétablir comme
une pénalité, l'expulsion des rangs de l'armée pour
indignité.

Dès à présent nous allons dire sur quel pied doit
être payée l'armée, pour que la situation soit acceptable.

Le soldat recevra d'abord le pain, lequel cessera de
lui être fourni par des manutentions militaires; il sera
alloué à chaque homme la valeur en argent d'une livre
et demie de pain pris chez les boulangers; chaque escadron aura son boulanger, comme il a actuellement
son boucher, et le pain pourra être refusé librement

par les hommes en cas de mauvaise fourniture, certain qu'il sera de trouver pour son argent à se pourvoir ailleurs; ce qui n'a pas lieu actuellement, attendu que l'administration se décide difficilement à faire perdre à l'Etat, ce que le soldat refuserait.

Voici les tarifs de solde qui nous paraissent devoir être substitués au tarif actuel, pour que la position du soldat soit acceptable.

CAVALERIE.

TARIF PROPOSÉ.		TARIF ancien y compris les accessoires.	DIFFÉRENCES en plus.
	par an.		par an.
Colonel.	10.000 . . .	8,460 . . .	1,540
Chef d'escadron. . . .	6,000 . . .	4,720 . . .	1,280
Capitaine en 1er. . . .	4,000 . . .	2,860 . . .	1,140
Capitaine en 2e.	3,500 . . .	2,660 . . .	840
Lieutenant.	2,600 . . .	2,040 . . .	560
Sous–lieutenant	2,200 . . .	1,740 . . .	460
Chirurgien-major. . . .	4,000 . . .		
Chirurgien aide-major. .	2,800 . . .		
	par jour		
Vétérinaire en 1er. . . .	1,500 4,195	4,200 . . .	300
Vétérinaire en 2e.	1,200 3,333	800 . . .	400
		par jour	par jour
Adjudant sous-officier. . .	1,500 4,195	 2,20	. . . 1,995
Trompette–major.	1,000 2,739	 1,78	. . . 0,959
Brigadier-trompette. . .	600 1,643	 1,23	. . . 0,413
Trompettes.	365 1,000	 0,85	. . . 0,150
Maréchal-ferrant.	365 1,000		
Maréchal de logis chef. .	720 1,972	 1,33	. . . 0,642
Maréchal de logis.. . . ,	540 1,474	 1,03	. . . 0,441
Brigadier.	401 50 1,100	 0,63	. . . 0,470
Cavalier de 1re classe. .	292 0,80	 0,53	. . . 0,27
Cavalier de 2e classe. . .	255 50 0,70	 0,48	. . . 0,22

Tous les officiers montés, y compris le colonel, recevront leurs chevaux de l'Etat sur le pied de guerre. S'ils désirent avoir des chevaux d'une valeur de plus de 800 fr., qui sera notre prix de remonte, ils auront à opter entre le droit de prendre ces chevaux dans la remonte, ou une indemnité de 80 fr. par an et par cheval.

Pour l'infanterie, nous adopterons les tarifs suivants :

par an.

Colonel.	10,000
Chef de bataillon.	5,500
Adjudant major..	3,400
Capitaine.	3,200
Lieutenant.	2,400
Sous-lieutenant.	2,000
Chirurgien major.	4,000
Chirurgien aide-major. . . .	2,800
Porte-drapeau.	2,000

	Par an.	Par jour.	Ancienne solde.	Différence en plus.
Adjudant sous-officier. . . .	1,200	3,286	2,03	1,256
Tambour-major.	600	1,643	1,13	0,515
Tambour-maître.	365	1,00	0,68	0,32
Tambour.	328 50 0,90		0,50	0,40
Fifre (enfant de troupe).. . .	91 25 0,25			
Sergent-major.	600	1,643	1,13	0,515
Sergent.	500	1,342	0,75	0.592
Caporal..	365	1,00	0,56	0,44
Soldat de 1re classe.	255 50 0,70		0,45	0,25
Soldat de 2e classe.	219	0,60	0,40	0,20

L'artillerie, les trains, considérés comme cavalerie, auraient la solde fixée par le tarif de la cavalerie.

Outre le pain et les soldes fixées par les tarifs ci-dessus tout militaire ayant rang de sous-officier, caporal ou soldat recevrait l'habillement.

La solde sera *unique*, elle cessera de se subdiviser en indemnités, soit de logement, soit d'ameublement ; à la présence sous le drapeau, la solde entière sera due ; à l'absence, sous quelque forme qu'elle soit constatée, ne sera due que la 1/2 solde.

Tout militaire aux hôpitaux serait considéré comme absent, et n'aurait droit qu'à la demi-solde sur laquelle sera prélevée la journée d'hôpital, laquelle sera moindre que la demi-solde diminuée de la retenue pour la masse individuelle, et de 5 centimes de poche.

Toute indemnité de route sera supprimée, les soldes des tarifs ci-dessus et le pain devant suffire aux troupes en marche.

On comprendra que la comptabilité établie sur ces bases se simplifiera beaucoup, et débarrassera l'armée de ce contrôle, aujourd'hui si multiplié qu'il n'est pas un des moindres *impedimenta* des armées.

Nous renvoyons l'évaluation des budgets de chaque arme aux chapitres qui traitent spécialement de ces armes.

CAVALERIE.

Nous espérons que le contenu du chapitre sur le rôle des différentes armes à la guerre, n'a laissé aucun doute, dans l'esprit du lecteur, sur le rôle et l'emploi efficace à la guerre des différentes armes :

Dans la guerre ancienne, les hommes qui en venaient aux mains étaient les fantassins. Dans la guerre moderne, cela est changé ; c'est par exception que l'infanterie combat à l'arme blanche ; ce rôle est dévolu à la cavalerie, ainsi que celui de tomber sur les tronçons épars d'une armée vaincue, et de les écharper, si mieux ils n'aiment se rendre et mettre bas les armes.

La cavalerie doit donc être composée d'individualités fortes en hommes et en chevaux ; il faut surtout que les hommes aient acquis une telle habitude du cheval, que son maniement soit devenu pour eux une seconde nature ; ce n'est qu'à cette condition que le cavalier pourra, dans un combat, faire le meilleur usage de ses armes, sans que la préoccupation de ce que fera le cheval puisse l'absorber un seul instant.

Voici à ce sujet quelques extraits des écrits du maréchal de Saxe :

« Il faut que la cavalerie soit leste, qu'elle soit « montée sur des chevaux rendus propres à la fatigue; « qu'elle ait peu d'équipages, et surtout qu'elle ne « fasse son point principal d'avoir des chevaux *gras*. « S'il se pouvait qu'elle vît souvent l'ennemi, cela ne « serait que mieux, et la mettrait bientôt en état d'en-

« treprendre les plus grandes choses. *Il est certain*
« *que l'on ne connaît pas la force de la cavalerie, ni*
« *les avantages qu'on peut en retirer.*

« J'ai eu un régiment de cavalerie allemande en
« Pologne, avec lequel j'ai fait, en dix-huit mois, plus
« de 1500 lieues, soit en marche ou en courses; et je
« puis assurer que ce régiment était plus en état de
« servir au bout de ce temps-là, qu'un autre qui au-
« rait eu des chevaux gras. Mais pour cela, il faut
« faire les chevaux peu à peu au mal, et les endurcir
« à la fatigue, par des courses et des exercices vio-
« lents; ce qui les conserve plus sains et les fait du-
« rer bien davantage. Quand ils y sont faits, vous
« pouvez compter avoir de la cavalerie, au lieu que
« vous n'en aviez pas auparavant. De plus, cela
« rompt et style vos cavaliers, leur donne un air de
« guerre qui sied bien; mais il faut faire galoper les
« chevaux, il faut les faire courir à toutes jambes en
« escadrons, et les mettre peu à peu en haleine. *On*
« *ne doit pas se contenter de manœuvrer tous les trois*
« *ans une fois*, avec une lenteur extrême, de peur que
« ces pauvres bêtes ne suent; je soutiens que lors-
« qu'un cheval n'a pas été tourmenté et endurci au
« mal, il est sujet à beaucoup plus d'accidents et ne
« saurait jamais être de service.

« Chaque cavalier doit avoir une carabine, avec un
« dé à secret; elle tire beaucoup plus loin qu'un au-
« tre fusil, et se charge aisément sans qu'on soit
« obligé de bourrer avec la baguette, ce qui est d'une
« difficulté extrême pour la cavalerie. Il faut avoir à
« cheval une longue épée, comme il en faut une
« courte à pied, *je ne veux point de pistolets, parce*
« *qu'ils ne servent qu'à faire du poids.* »

« Le premier rang doit être pourvu de lances. »

Nous répéterons encore ici une citation faite dans
le chapitre précédent.

« Voilà la formation des escadrons *qu'on ne doit*
« *jamais diminuer*, parce qu'il faut bien du temps
« pour former un cavalier; qu'il n'y a que les vieux

« chevaux de bons à la guerre, et que ce doit être un
« corps solide.

« Il ne faut jamais toucher à la cavalerie : les vieux
« cavaliers et les vieux chevaux sont les meilleurs,
« tout ce qui est recrue n'y vaut absolument rien.

Telle est l'opinion d'un homme qui connaissait la
guerre, et qui vivait dans un temps où l'équitation
était appréciée :

Si nous avons fait ces citations, c'est que nous n'é-
crivons pas pour l'armée, mais pour les législateurs
non militaires : s'il en est quelques-uns qui aient un
peu l'habitude du cheval, ils comprendront parfaitement combien de temps il faut à un homme pour devenir parfait cavalier, acquérir une entière liberté à
cheval y devenir une *individualité* forte et exercée.
Or, ce n'est pas en appelant pendant six ans (la sep-
tième ordinairement ne se fait pas) et forcément, un
certain nombre d'hommes qu'on laisse se rouiller ensuite, qu'il est possible d'avoir sous les drapeaux de
vieux cavaliers. Pendant les six ans qu'un homme
passe dans un régiment de cavalerie, que fait-il, si ce
n'est de garnisonner, de n'y faire que les écoles de
cavalier et de l'escadron? Rarement il voit seulement
vingt escadrons réunis; il ne connaît donc que les en-
nuis du métier, on lui laisse ignorer tout ce qu'il a de
grandiose et d'attrayant.

On agit à son égard comme on le ferait à l'égard
d'un apprenti sculpteur, auquel on ne ferait voir que
les membres épars des belles statues de l'antiquité,
mais jamais les statues entières.

Il résulte de cette éducation manquée, que la France
n'a pas d'officiers de cavalerie dans l'acception réelle
du mot ; ceux de nos régiments actuels n'ont guère
plus d'expérience que les soldats, parce qu'ils n'ont
vu ni appris plus qu'eux :

Et cependant M. le duc de Raguse dit que « la ca-
« valerie française est la première du monde pour le
« combat; elle charge toujours à fond. » Quelle n'é-
tait donc pas la faute du gouvernement déchu, et l'immense inintelligence de nos ministres de la guerre, de

n'avoir pas tenu sans cesse sur le pied de guerre cet élément actif des batailles, cette cavalerie reconnue la première du monde quand elle est exercé et tenue en haleine. Peut-être faut-il attribuer ce *non-sens* à l'absurde pratique adoptée en France, de ne croire propre aux commandements des armées et à leur organisation que les généraux d'infanterie.

Nous avons fixé à 60 mille le nombre de chevaux *disponibles* que la France doit avoir constamment sous les armes. L'entretien de cet effectif exige la présence de 75 mille chevaux et de 86 mille hommes; ils formeront 65 régiments (y compris les régiments d'Afrique), et se décomposeront de la manière suivante. (Nous avons ajouté à ce tableau les dépenses de la solde et autres prestations, afin que le lecteur soit de suite fixé sur le prix de l'entretien de la cavalerie sur le pied de guerre.)

		fr.	Par an.
65	Colonels.	10,000	650,000
195	Chefs d'escadrons.	6,000	1,170,000
585	Capitaines en 1er et adjud.-maj.	4,000	2,340,000
390	Capitaines en 2e.	3,500	1,365,000
780	Lieutenants.	2,800	2,184,000
4,560	Sous-lieutenants.	2,400	3,744,000
65	Chirurgiens-majors.	4,000	260,000
130	Chirurgiens-aides-majors.	2,800	364,000
65	Porte-étendard.	2,400	156,000
65	Vétérinaires en 1er.	1,500	97,000
195	Vétérinaires en 2e.	1,200	234,000
195	Adjudants sous-officiers.	1,500	292,000
65	Trompettes-majors.	1,000	65,000
65	Brigadiers-trompettes.	600	39,000
4,170	Trompettes.	365	427,050
4,170	Maréchaux ferrants.	365	427,050
390	Maréchaux des logis chefs.	720	280,800
3,810	Maréchaux des logis et fourriers.	540	2,057,400
6,240	Brigadiers.	404 50.	1,822,080
34,900	Cavaliers, 1re classe.	292 00.	10,490,800
34,900	Cavaliers, 2e classe.	255 50.	8,916,950
	Fourrages pour 75,144 chevaux à 1 fr. 25 c. la ration.		34,270,762
	Masse de ferrage et de harnachement à 20 f. par homme.		1,502,280
	Harnachement par an (un nombre rond).		4,000,000

Valeur des chevaux (durée 10 ans) au prix moyen de 800 f.	6,120,000
Masses des cavaliers à 60 fr. par homme..	375,000
Habillement et armement.	4,200,000
Chauffage à 18 fr. par homme et par an.	1,548,000
Frais d'hôpitaux.	750,000
Pain à 22 cent. par homme et par jour.	6,805,800
Primes d'engagement à 300 fr. pour 12 ans..	2,450,000
Budget total de la cavalerie.	95,803,972

Il est aisé de remarquer qu'outre l'amélioration sensible de la solde, nous proposons le rétablissement de la prime d'engagement que nous portons à 300 fr. pour un engagement de 12 ans.

Ainsi, un simple cavalier de 2e classe, en améliorant encore son ordinaire de 2 centimes par jour, aurait 20 centimes de poche par jour; le cavalier de 1re classe aurait 25 centimes de poche.

Comment, dès lors, ne pas aimer un métier honorable, dans lequel, tous les besoins physiques satisfaits, on aurait encore au minimum 20 centimes d'argent de poche.

Nous ne doutons pas que si la cavalerie était entretenue sur ce pied, les engagements volontaires ne fussent plus que suffisants pour atteindre le complet de guerre.

On s'apercevra aisément que les lieutenants-colonels sont supprimés, c'est un grade inutile. On attachera à chaque régiment, en remplacement du capitaine-trésorier, un payeur *non officier*, mais appartenant à l'intendance militaire, et rétribué à 5,000 fr. par an, avec 1200 fr. de frais de bureaux. Ce payeur fournirait à l'Etat un cautionnement de 40,000 fr.

Toutes les fournitures devant être demandées à l'industrie, les grades de major et de capitaine d'habillement sont supprimés.

Nous admettons en principe que tout ce qui est non-combattant ne doit pas être officier. Il ne faut pas qu'un homme qui a parcouru tous les grades dans les bureaux puisse un jour commander un régiment ou une division. Aujourd'hui on peut arriver au grade de colonel par la hiérarchie suivante : sous-officier travaillant chez le trésorier ; adjoint au trésorier, trésorier, enfin major.

Dans chaque escadron et à tour de rôle un des huit lieutenants ou sous-lieutenants rempliraient les fonctions d'officier d'armement.

Aujourd'hui la cavalerie de la France et de l'Algérie ne comporte que 61 régiments et 41,344 chevaux, dont un cinquième non disponible.

Pour mettre la cavalerie sur le pied de guerre, il faudrait donc l'augmenter de 33,800 chevaux, porter le nombre des hommes à 86,000, et porter le nombre des régiments à 65.

Ce serait donc 33,800 chevaux à acheter tout d'un coup, si la guerre se déclarait ; c'est la position dans laquelle on a failli se trouver en 1840. Est-il possible tout d'un coup de trouver en France 33,800 chevaux de guerre ? Certainement non ; et si on va les demander à l'étranger, pense-t-on qu'il nous vendra ses chevaux de guerre ? Encore moins. Ceci explique les énormes dépenses de 1840 pour n'acheter que le rebut des chevaux de l'Allemagne.

Si le gouvernement comprend que la cavalerie doit toujours être tenue au grand complet de guerre et montée sur d'excellents chevaux, ce sera en même temps demander à l'industrie de l'élève des chevaux au moins 7,500 chevaux par an, à une moyenne de 800 fr. ; ce qui ferait un roulement annuel de 6,000,000 de francs, qui irait peut-être à une moitié en sus pour les remontes de l'artillerie et de la gendarmerie.

Jusqu'à aujourd'hui, l'Etat n'a guère demandé à l'industrie chevaline que 5,000 chevaux par an, à une moyenne supposée de 600 fr., c'est-à-dire pour 3,000,000 de francs, et cependant le budget de la guerre de 1843 (nous n'avons que celui-là sous les yeux) porte le chiffre 6,482,489 fr. pour les dépenses de la remonte générale ; ceci prouve évidemment que l'administration absorbe plus de 3 millions par an pour les frais de la remonte, ce qui est un peu cher, ce nous semble ; c'est sur ce pied que toute l'administration de la guerre est montée, elle absorbe plus d'argent que les combattants.

En France, nous avons bien des généraux sortant de la cavalerie, mais nous ignorons si nous avons des *généraux de cavalerie ;* rarement les maréchaux de camp ont commandé des brigades, et plus rarement encore les lieutenants généraux des divisions. Tous nos généraux de cavalerie ne sont, à la rigueur, que des colonels revêtus d'épaulettes de généraux et n'ayant obtenu leur avancement que parcequ'il s'est fait des vacances dans la tête du corps. Et cependant, ainsi que le dit M. le duc de Raguse (1) : « Pour commander la cavalerie, quand il s'agit de « masses considérables, il faut des qualités supé- « rieures et un mérite particulier. *Rien de plus rare* « qu'un homme sachant les manier, les conduire ou « s'en servir à propos. Dans les armées françaises, on « en a compté 3 pendant 20 années de guerre : Kel- « lermann, Montbrun et Lasalle. »

Comment développer ces qualités ? comment même en soupçonner le germe dans nos officiers destinés à devenir généraux de cavalerie, si en temps de paix ils n'ont jamais l'occasion de manier ces masses de cavalerie, si chaque année on se contente de réunir 2 ou 4 brigades à Luneville pendant quelques semaines, après quoi chaque régiment rentre *garnisonner* pendant six ou sept ans, pour s'occuper à des manœuvres de détails qui deviennent à charge à chacun, parce que personne n'est appelé à en voir l'application en grand, par conséquent l'utilité.

On pourrait commencer en Algérie l'application d'un système de grand rassemblement de cavalerie, au moyen des 7 régiments spéciaux qui existent dans ce pays, et des 4 régiments supplémentaires dont nous demandons la création pour porter la cavalerie française à 65 régiments.

Dans la province de Constantine et dans la plaine de Temlouka, par exemple, sur les bords de l'Oued-

(1) *Esprit des Institutions militaires*, page 39.

Echerf on pourrait former un grand camp retranché, composé de 4 régiments où 24 escadrons, commandés par un lieutenant général de cavalerie qui commanderait en même temps la division territoriale de Constantine.

Ces 24 escadrons formeraient une division subdivisée en 2 brigades. Ce camp retranché serait, en outre, occupé par 2 bataillons d'infanterie.

Dans la provice d'Oran, à Sidi-bel-Abbès, un second camp retranché, de la même composition, serait formé.

Enfin, la 3e division de 3 régiments de chasseurs d'Afrique, placée dans la province d'Alger, au pont du Chelif, au sud-ouest de Miliana, sous les ordres d'un lieutenant général de camp de cavalerie, avec, également, 2 bataillons d'infanterie.

Dans les provinces d'Oran et de Constantine, outre les grandes manœuvres qui auraient lieu à certaines époques fixées de l'année, tous les mois 3 colonnes de 5 ou 600 chevaux chacune, sortiraient pendant 15 à 20 jours dans diverses directions, se montrant en force aux populations.

Ainsi, pourraient être facilement prévues toutes espèces de tentative, soit de la part du Maroc, soit du côté de Tunis.

Dans la province d'Alger, et dans la proportion de la cavalerie qui y serait laissée, savoir 3 régiments, le même système serait suivi.

En France, les 54 régiments seraient réunis en 12 divisions, comportant chacune 2 brigades de 2 régiments.

De la sorte, tous les généraux de division seraient pourvus de commandements actifs, ainsi que les généraux de brigade.

Alors disparaîtraient ces insignifiants comités, inventés pour occuper l'oisiveté de 25 ou 30 lieutenants généraux sans commandement ou peu désireux d'en avoir, préférant aux camps de manœuvre, les loisirs de la capitale avec solde entière.

On parle sans cesse d'entretenir l'esprit militaire dans l'armée ; mais pour cela il faut que l'armée soit

formée en brigades, en divisions et en corps d'armée.
Il faut que par un traitement honorable, officiers et
soldats ne soient point préoccupés d'un repos qui mé-
nage leurs effets et leur bourse; il faut que la misère
ne les tourmente pas et que leur avenir soit assuré.
L'esprit militaire ne s'entretient que dans de grandes réunions militaires, il se perd dans les garnisons
et par la misère.

Quant aux terrains nécessaires pour l'établissement
de ces divisions de 4 régiments, il n'est pas un département qui ne consente à fournir gratuitement,
ainsique le casernement pour hommes et chevaux, le
terrain nécessaire à l'établissement de ces divisions actives et sans cesse rassemblées. Ce terrain pourrait être
évalué à 6000 hectares par division.

Telle est, brièvement, l'organisation à donner à la
cavalerie en France, si l'on veut réellement pratiquer
l'adage *Si vis pacem para bellum.*

Nous espérons avoir suffisamment démontré que
le pied de paix pour la cavalerie, est un affaiblissement de force et de puissance. La prétendue possibilité de passer, pour cette arme, du pied de paix au
pied de guerre, est un mensonge fait à la nation, mensonge non prémédité, nous aimons à le penser, mais
d'autant plus dangereux que l'étranger n'en est pas
dupe.

Si l'on nous demande où nous placerons ces 12 divisions de cavalerie en France, nous répondrons :

2 autour de Paris.
1 aux environs de Lille.
1 à Lunéville.
1 entre Lyon et Besançon.
1 à Grenoble.
1 entre Montpellier et Perpignan.
1 dans les Landes.
1 entre la Bretagne et la Normandie.
3 divisions voyageraient sans cesse pour se for-
    mer à la marche; elles seraient relevées
    tous les trois mois par des divisions sta-
    tionnées.

INFANTERIE.

Si le budget de la cavalerie est de 100 millions par an, il n'en sera pas de même de celui de l'infanterie, sur lequel seront opérées les réductions du pied de paix. En se rappelant que, dans une bataille, l'infanterie joue le rôle d'élément passif, c'est-à-dire résistant, on sera frappé de la justesse du mot du maréchal de Saxe, qui, après avoir déclaré que les cavaliers de recrues ne valent rien à la guerre, ajoute : « quant à l'infanterie, pourvu qu'on ait de « vieilles têtes on fait des queues tant qu'on veut. »

Conséquemment, c'est gaspiller en pure perte les ressources financières d'un état, que de maintenir à un effectif dispendieux, justement la seule arme qui n'a pas besoin d'être exercée de longue main, et qui ne doit, à la rigueur, que fournir des cadres à l'infanterie du pied de guerre.

Nous avons même la conviction que si nos principes sur la division des armes en élément actif et élément passif sont compris, le rôle de l'infanterie changera encore à la guerre, c'est-à-dire, que dès le moment où l'on aura compris que l'infanterie ne peut remporter de victoires utiles, on en diminuera le nombre.

Quelle est l'utilité, en effet, d'avoir une si grande masse de l'élément passif : ne ressemble-t-on pas à un guerrier qui n'ayant qu'une épée, voudrait avoir plusieurs boucliers et plusieurs cuirasses de rechange ? Ne serait-ce pas se charger d'un poids inutile et embarrassant ?

Ces doctrines, sans doute, paraîtront nouvelles; mais nous avons la conviction que la puissance qui la première, paraîtra sur un champ de bataille avec une nombreuse et excellente cavalerie, avec une artillerie très mobile et toute à cheval, et avec la quantité d'infanterie strictement voulue pour former des points résistants sur le champ de bataille, remportera de grandes et rapides victoires.

Pour preuve de ce que nous avançons, nous citerons à nos lecteurs l'exemple de la bataille de Rosback, où l'immortel Seïdlitz, avec 43 escadrons et une artillerie bien servie, défit une armée de 50,000 hommes presque toute d'infanterie : cette bataille est une admirable application de la puissance de la cavalerie et de l'artillerie savamment comprises et savamment conduites.

Si on admet que le pied de guerre de l'infanterie soit fixé à 300 mille hommes, formant 300 bataillons et 100 régiments, les cadres qui leur seront nécessaires formeront l'effectif ci-après :

```
    100 Colonels.
    300 Chefs de bataillon.
    300 Adjudants-majors.
  2,400 Capitaines.
  2,400 Lieutenants.
  2,400 Sous-lieutenants.
    300 Adjudants sous-officiers.
    100 Chirurgiens-majors.
    200 Chirurgiens aide-majors.
    100 Tambours-majors.
    200 Tambours-maîtres.
  2,400 Sergents-majors.
  9,900 Sergents et fourriers.
 19,200 Caporaux.
  4,800 Tambours ou clairons.
  2,400 fifres, enfants de troupe.
```

Total. . 47,500 hommes.

En ajoutant à ce nombre 47,500 hommes, 6 soldats par compagnie, on aura 14,500 soldats, ce qui donnera pour effectif total des cadres, 61,900 hommes; c'est-à-dire, que du jour où l'on voudra compléter l'infanterie à 300,000 hommes, il n'y aura qu'à appeler 99 recrues par compagnies. Ces recrues seront encadrées dans chacune des compagnies, par 26 officiers, sous-officiers, tambours et soldats, anciens, parfaitement exercés et instruits.

Mais ces 99 recrues ne seront pas aussi novices

4

qu'on pourrait le penser, on s'en assurera au chapitre de la *Réserve*.

C'est donc 61,900 qui sera le chiffre du pied de paix de l'infanterie. Divisons-le en 72 bataillons et en 36 régiments à 2 bataillons, on obtiendrait pour le détail de ces 36 régiments le tableau suivant, auquel nous joindrons d'après les soldes nouvelles que nous désirons voir allouées à l'infanterie, le prix que l'arme entière coûtera.

36	Colonels.	360,000 f.
72	Chefs de bataillon.	396,000
72	Adjudants-majors	244.000
576	Capitaines.	1,843,200
576	Lieutenants.	1,382,400
576	Sous-lieutenants.	1,115,800
36	Chirurgiens-majors.	144,000
36	Chirurgiens-aides-majors. . . .	100,800
36	Porte-drapeaux.	64,000
72	Adjudants sous-officiers. . . .	86,400
36	Tambours-majors.	21,600
36	Tambours-maîtres.	13,140
1,152	Tambours.	379,432
576	Fifres (enfants de troupe). . .	52,450
576	Sergents-majors.	345,600
2,304	Sergents.	1.453,000
570	Fourriers.	288,000
4,608	Caporaux.	1,681,920
25,023	Soldats, 1re classe.	6,850,046 25c,
25,023	Soldats, 2e classe.	5,916,706

Total. . 61,900

Pain à 22 c. par homme et par jour. . .		4,818,693
Chauffage à 18 fr. par homme et par an.		1,077,912
Habillement et armement. . . , . . .		2,800,000
Masses à 40 fr. par homme. (Par an, l'engagement étant pour 12 ans.). . .		200,000
Frais d'hôpitaux.		600,000
Primes d'engagement à 300 f., pour 12 ans		1,497,175
Rations pour les colonels, chefs de bataillons et adjudants-majors, 2 par officiers, et pour les chirurgiens à 1 par officier de santé.		225,592
Chevaux pour les officiers d'infanterie à raison d'un seul par adjudant major, officier supérieur, et chaque cheval de 800 fr. devant durer 10 ans. . . .		20,320

Total. . . . 33,678,216 25

Les officiers d'infanterie n'auront pas le droit de prendre des chevaux à la remonte, mais recevront une indemnité de 80 fr. par an, équivalente à 1 cheval de 800 fr. devant durer 10 ans.

De même que dans la cavalerie, chaque régiment aurait un payeur comptable, faisant partie du corps de l'intendance militaire.

Au chapitre qui traitera de l'administration, nous expliquerons brièvement leurs fonctions.

Les 36 régiments d'infanterie formeront 18 brigades à 2 régiments où 4 bataillons.

6 brigades d'infanterie seraient affectées à l'Algérie, et 12 resteront dans l'intérieur, où elles seront réparties dans chacune des neuf divisions de cavalerie, afin de pouvoir profiter des terrains de manœuvres, mentionnés dans le chapitre de la cavalerie, et s'y exercer conjointement avec la cavalerie. Trois brigades seraient disponibles.

Ainsi, neuf camps de chacun 17 à 18,000 hommes environ, existeront perpétuellement en France, y compris l'artillerie, dont il sera question dans un chapitre à part. L'effectif de l'armée d'Afrique serait de 37,000 hommes.

Si l'on réfléchit à cette organisation de l'armée de la paix, et à sa répartition en neuf camps permanents, on se convaincra que c'est la seule manière de maintenir en temps de paix l'esprit militaire, que l'insignifiante vie de garnison fait inévitablement disparaître. Alors, ces grandes manœuvres véritables images de la guerre, auront pour les officiers et les soldats, un tout autre intérêt que ces fastidieuses répétitions des écoles du soldat, du peloton et du bataillon que l'on est obligé de repasser sans cesse, et dont les soldats ne comprendront l'utilité que lorsqu'ils en verront le mécanisme appliqué à ces mouvements de brigades et de divisions, qui sont les vrais mouvements de la guerre. Alors, nous ne saurions trop le répéter, se soutiendra l'esprit militaire, car une louable émulation s'éveillera dans chacun de ces petits corps d'armée, et pour le soldat, le service ne sera plus l'oisive espérance, mais une image vivante de la véritable guerre ; alors le métier qu'il aura embrassé volontairement, loin d'être un sacrifice fait au pays, deviendra une profession recherchée, parce qu'elle assurera à celui qui s'y sera consacré, une vie à l'abri du besoin et des privations, et une retraite honorable, ainsi qu'on le verra au chapitre des retraites.

Nous n'avons pas besoin d'ajouter qu'en tout temps existerait au ministère, préparée d'avance, l'organisation des 300 bataillons de guerre, de manière qu'il n'y ait plus que les noms à mettre sur les lettres de service, et à expédier.

Cette partie essentielle et simple de l'organisation ne peut trouver place dans cet essai abrégé.

Pour arriver promptement à l'effectif que nous proposons, il n'y a qu'un parti à prendre, c'est de renvoyer dans leurs foyers tous les hommes actuellement sous le drapeau, excédant cet effectif. Quant aux officiers il ne peut être question de les mettre en demi-solde, ce serait les mettre dans la misère, il faut leur conserver la solde entière actuelle, mais brute et sans accessoire.

Voici par aperçu rapide le nombre des officiers qui seraient en trop.

70 Colonels,	qui	350,000 fr.
106 Lieutenants-colonels,	coûte-	445,000
400 Chefs de bataillons,	raient	1,440,000
2,000 Capitaines,	à	4,000,000
2,000 Lieutenants,	l'Etat.	2,800,000
2,000 Sous-Lieutenants,		2,400,000

11,435,200

Ils attendraient dans leurs foyers qu'on eût besoin d'eux où bien ils pourraient être utilisés dans les légions territoriales dont il sera question au chapitre de la réserve.

CASERNEMENT DES TROUPES.

Avant 1791 le casernement des troupes dans les villes ouvertes, était à la charge des communes dans lesquelles les troupes étaient stationnées, mais la loi du 10 juillet 1791 changea ce régime pour faire entrer dans les attributions du ministère de la guerre tous les bâtiments affectés au service militaire : nous croyons que dans cette occasion le législateur s'est trompé et voici pourquoi :

On sait qu'une troupe stationnée sur une localité quelconque, soldats, sous-officiers et officiers compris, jette en moyenne dans la circulation un franc par homme et par jour. Il était donc juste que les localités qui profitaient de ce mouvement d'argent, fissent les frais du logement des troupes. Aujourd'hui que les casernes sont entretenues par le budget de la guerre, qu'arrive-t-il ? Que le même mouvement d'argent d'un franc par homme et par jour existe toujours au profit des villes de garnison, et que les casernes sont bâties et entretenues aux frais de la nation tout entière, c'est-à-dire aux frais de contribuables de localités où jamais il n'y a eu une escouade en garnison, ce qui est souverainement injuste.

Les sommes annuelles portées au budget de la guerre peuvent donc être supprimées et mises à la charge des localités où les troupes seront stationnées. Ce n'est qu'un impôt déplacé, dira-t-on. D'accord, mais au moins il ne sera pas supporté par ceux qui ne profitent pas des avantages de la présence des troupes. Que le gouvernement impose aux villes de garnison, la dépense des casernes et de leur entretien, et qu'il les laisse opter entre l'alternative de cette charge ou celle de n'avoir pas de garnison, il se convaincra sur-le-champ qu'il peut dégrever le budget de la guerre de toutes les dépenses destinées à la construction et à l'entretien des bâtiments dits militaires (1).

Ceci une fois fait, réduira les attributions du corps du génie aux travaux des siéges et démontrera péremptoirement que sa réunion au corps de l'artillerie ne peut être différée sous aucun prétexte : le budget y gagnera la solde entière du corps du génie, car l'effectif de l'artillerie ne sera pas augmenté d'autant.

Nous croyons du reste, que les troupes gagneront beaucoup à être logées par les soins des autorités civiles, lesquelles auront tout intérêt à n'exciter aucune plainte sous ce rapport. Lors même que les troupes n'y gagneraient pas en bien-être, il y aurait encore avantage, car ce serait une grande simplification dans l'administration. Quand un régiment arriverait dans une ville, au lieu de recevoir le casernement des mains d'un officier du génie, il le recevrait de l'architecte de la ville.

Si on adopte l'établissement de neuf divisions permanentes et constamment, les changements de garnison deviendront une chose parfaitement inutile.

Ainsi deux combinaisons se présentent pour le casernement des troupes; si on adopte nos camps permanents, les casernements et les terrains de manœuvres seront fournis par les localités puisqu'elles profiteront des dépenses des rassemblements de troupes. Si on adopte le système des garnisons, les villes feront comme la ville de Thionville, elles accepteront le casernement à leurs frais. Il ne s'agit que de savoir prendre une décision prompte à cet égard.

---

(1) La ville de Thionville vient d'offrir récemment au Gouvernement une somme de 150,000 francs pour aider à agrandir le quartier de cavalerie devenu trop petit par suite du nouvel espacement adopté pour les chevaux.

FORTIFICATION ET CORPS DU GÉNIE.

En 1820 parut, sous le titre d'*Essai sur la défense des Etats*, un ouvrage fort remarquable, dont l'auteur, simple capitaine devenu depuis maréchal de camp, se nommait Duvivier.

Alors cet ouvrage fut accueilli par les sommités de l'armée, comme un rêve, comme une utopie.

L'auteur proposait l'établissement au centre de la France, d'une immense place de guerre, plus vaste que ne l'est aujourd'hui l'enceinte de Paris. Il entourait son enceinte continue, consistant en un simple retranchement en terre, d'une triple ligne de forts détachés en quinconce, et rassemblait dans son sein toutes les ressources militaires du royaume.

Bien que les raisonnements par lesquels il démontrait qu'une telle place devenait imprenable fussent logiques; bien qu'il fît voir que les ressources militaires d'un Etat devenaient alors non-seulement insaisissables par l'ennemi, mais étaient toujours à la disposition de l'armée active, il ne fut pas compris par l'état-major général.

Mais si les sommités de l'armée que le souffle de l'empereur n'animait plus, ne comprirent pas le projet du capitaine Duvivier, il n'en fut pas de même de quelques hommes d'Etat, qui reconnurent la profondeur d'un tel projet, et résolurent de le mettre à exécution, mais en transportant à Paris le centre de cette place immense, au lieu de choisir la Touraine comme l'avait fait M. Duvivier.

La Restauration, trop suspectée d'en vouloir aux libertés publiques, n'osa pas mettre à exécution la fortification de Paris, et il ne fallut rien moins que la peur des événements de 1840, c'est-à-dire une nouvelle coalition de l'Europe contre la France, pour que l'on se décidât à garantir Paris d'une capitulation possible, laquelle aurait eu probablement pour conséquence le démembrement de la France.

Le projet de fortifier Paris n'est pas nouveau du reste, Vauban et Turenne le conçurent; mais le grand roi laissa prévaloir l'avis de Louvois, qui ne concevait les fortifications qu'à la frontière; l'empereur Napoléon voulut aussi fortifier Paris, mais il n'en eut pas le temps, et c'est peut-être pour avoir donné la préférence à des idées secondaires et qu'il croyait pressantes, sur cette idée capitale, qu'il a perdu son trône et laissé envahir la France.

Quoi qu'il en soit, nous avons la conviction que l'ouvrage du capitaine Duvivier a eu une influence marquée sur le mode adopté pour fortifier la capitale; c'est-à-dire, qu'il a fait comprendre qu'il fallait porter l'enceinte continue assez loin de Paris, pour que cette enceinte enfermât un espace très vaste, capable de contenir d'immenses ressources militaires, et pour que la zone des forts détachés offrît à l'armée parisienne, non l'occasion de faire de simples sorties, mais celle de livrer des batailles avec des armées nombreuses, et de pouvoir entretenir de continuelles relations avec les provinces. Nous renvoyons le lecteur curieux de ces questions militaires, au *Discours au peuple sur les Fortifications de Paris*, du général Duvivier.

Ainsi, il n'a fallu que vingt années de 1820 à 1840, pour que l'*utopie* du général Duvivier passât à l'état de *réalité*. Nouvelle preuve à l'appui de cette assertion, qui commence à se faire jour, savoir, que les *utopies* ne sont souvent que des vérités prématurées et incomprises, et qu'il ne faut pas dédaigner trop légèrement.

Mais si l'ascendant de la profonde conception du général Duvivier a vaincu la routine qui veut que les fortifications soient exclusivement aux frontières, il n'a pu complétement la déraciner. Pressés par la nécessité, les législateurs ont accepté la fortification de Paris, mais ils sont encore à en comprendre la conséquence forcée, savoir la démolition de toutes les places frontières, et peut-être longtemps encore, jettera-t-on

de sept à huit millions par an pour des travaux devenus parfaitement superflus.

M.Chabaud-Latour, colonel du génie, ex-député, a
élaboré un long rapport sur la nécessité de fortifier nos
frontières maritimes. Ce rapport a donné lieu à un ouvrage d'un autre colonel du génie, également ex-député
(M. Ardent), lequel a prouvé victorieusement par des
exemples historiques (qu'il aurait pu choisir plus habilement, si l'histoire militaire de la France lui était
plus familière), que jamais aucun débarquement n'a-
vait réussi sur nos frontières maritimes. Mais si M.
Ardent a su neutraliser la nouvelle effluve que M.
Chabaud–Latour ouvrait aux finances de la France,
lui-même s'est maintenu dans l'erreur de Louvois en
proposant de reporter sur la frontière terrestre le
surcroît de forts dont son collègue voulait doter les
bords de l'Océan et de la Manche. Ces deux ingénieurs n'ont pas compris les conséquences de la
grande place de Paris, et peut-être sur la foi de leur
aveuglement le Gouvernement donnera-t-il encore
d'énormes subsides pour affaiblir la France au lieu
de la fortifier.

Après la conquête d'une partie de la Hollande,
Condé et Turenne demandèrent que l'on rasât la plupart des places, en disant que ce n'était point avec
des garnisons que l'on prenait des Etats, mais avec
des armées : Louvois, au contraire, voulut que l'on
conservât toutes les places. On sait ce qu'il advint ;
l'opinion de Louvois sauva la Hollande, qui était réduite à la dernière extrémité, et l'armée française,
morcelée et disséminée dans une infinité de places,
fut réduite à une inertie complète, ce qui donna à
l'ennemi aux abois le temps de se relever et de récu-
pérer une à une toutes ses places.

Lorsque, en l'an iv, les armées du Rhin et de
Sambre-et–Meuse passèrent le Rhin, elles négligèrent
derrière elles toutes les places qui couvraient le Rhin.

Lorsqu'à la même époque l'Italie fut conquise par
l'armée française, toutes les places du Piémont et de
la Lombardie furent laissées derrière elle, sauf Man-

5

toue, dans laquelle toute l'armée battue s'était réfugiée.

En l'an vii, l'armée autrichienne envahit à son tour l'Italie et s'avança sur le Var, négligeant toutes les places qu'occupaient les Français, excepté Gênes, où s'était réfugiée l'armée de Masséna, et que le général Bonaparte laissa prendre, ne jugeant pas que sa conservation valût la moindre de ses combinaisons.

En 1814, Paris était au pouvoir des étrangers, bien que 8) places fussent encore occupées par nos troupes, tant dans la France impériale que dans les provinces conquises.

On voit clairement que les places fortes des frontières n'ont empêché aucune invasion. On pourrait encore tenir à ces places, si nous vivions à l'époque où la manie des beaux siéges était à la mode et alors que la cour s'y transportait par partie de plaisir ; mais la guerre a bien changé depuis ce temps-là, et les siéges, qui étaient presque tout alors, sont devenus une rare exception.

Si le triple cordon de places fortes aux frontières n'a pu arrêter aucune armée d'invasion, il a eu le résultat bien autrement funeste de neutraliser les armées actives. En 1814, tandis que l'empereur succombait en France et sous les murs de Paris, 3 0,900 hommes étaient renfermés dans les 80 places fortes qui tenaient encore après la capitulation de Paris, et, très certainement, les événements auraient tourné tout autrement, si l'empereur avait pu disposer de ces troupes.

Peut-être nous objectera-t-on que ces 300,000 hommes enfermés dans des places fortes en neutralisaient un pareil nombre à l'ennemi. La réponse est facile; l'ennemi renforcé de 300 mille hommes n'eût pas été beaucoup plus fort, tandis que la faible armée impériale augmentée de 300 mille hommes eût peut-être été invincible et eût sauvé Paris.

A ceux qui récriminent contre les fortifications de Paris comme devant servir à maîtriser la capitale, l'événement du 24 février répond victorieusement; aux vaines terreurs que l'on répand sur un bombardement possible partant des forts détachés, nous opposerons encore le discours au peuple sur les fortifications de Paris, du général Duvivier.

Nous n'accumulerons pas contre les places fortes des frontières, des preuves plus fortes et plus convaincantes que celles que nous venons de citer, particulièrement la dernière. Que la France entière médite profondément ce fait : en 1814, 30 mille hommes étaient renfermés dans 80 places fortes, ne manquant ni de vivres ni de munitions, tandis que l'empereur était réduit à la dernière extrémité sous Paris, qui dut se rendre.

Conclusion. Dès l'instant que Paris est devenu cette grande place centrale, il faut, pour être logique, raser toutes les places de la frontière, ou du moins cesser d'y dépenser un centime. Si on cesse de réparer et d'entretenir sur nos frontières des places devenues complétement inutiles, on récupérera en peu d'années les millions dépensés à Paris; et si on détruit les servitudes militaires des places de guerre, si on vend les matériaux et les terrains des remparts, on regagnera sur-le-champ et au delà, l'argent dépensé à Paris.

Il a fallu deux cents ans pour revenir des erreurs de Louvois. Espérons que le premier pas fait, on ne continuera pas à épuiser les ressources financières de la France pour continuer les mêmes erreurs.

Avec Paris fortifié, jamais les ressources militaires de la France ne se trouveront, comme en 1814, séparées de l'armée qui en aura besoin, et par conséquent neutralisées. Depuis que Paris est devenu le centre de toutes les lignes de chemins de fer qui ne seront jamais détruites en arrière de nos armées, l'armée active tirera toujours de Paris, avec une merveilleuse rapidité, tout ce dont elle aura besoin.

Nous croyons cependant que le système des places fortes de la frontière, ne se rendra pas sans lutter énergiquement, et voici pourquoi : il existe en France un corps du génie, composé de plus de six cents

5.

officiers de tout grade, de trois régiments, de trois compagnies du train, d'une compagnie d'ouvriers et de trois écoles du génie avec leurs accessoires.

Les attributions de ce corps consistent : 1° dans la construction de places fortes, la direction des travaux d'attaque et de défense des places et des positions militaires ; en général de tous les travaux des armées ; 2° dans la construction de tous les établissements militaires autres que les arsenaux d'artillerie.

Il faudra combattre longtemps pour forcer un corps aussi formidable à reconnaître *sa superfluité comme corps à part,* dans la composition des armées ; il faudra longtemps, si on ne tranche pas la question, pour le convaincre qu'il n'y a pas besoin d'un corps destiné à construire des places fortes dès le moment qu'on n'en aura plus besoin.

D'ailleurs que demandons-nous ? Que ce corps soit réuni à l'artillerie comme autrefois. Avant 1690, les ingénieurs faisaient partie de l'artillerie.

Le corps du génie sera-t-il déshonoré de faire partie de l'artillerie ? non, que nous sachions surtout si le rôle de l'artillerie devient ce que nous indiquons dans le court chapitre que nous lui avons consacré. Les guerres de l'empire ont d'ailleurs démontré que de fâcheux et inutiles conflits s'étaient élevés dans quelques siéges par suite de la rivalité entre le génie et l'artillerie ; or, qu'est-ce qu'un siége ? si ce n'est le concours le plus actif, l'accord le plus parfait de toutes les armes, de tous les corps qui en sont chargés ; et remarquons-le ici, plutôt que de s'entendre, ils ont souvent préféré subir l'arbitrage du général en chef qui commandait les troupes du siége et qui n'était ni du génie ni de l'artillerie.

L'existence d'un corps composé de 630 officiers d'élite et instruits, de près de 10 mille hommes choisis, distraits de l'armée active et combattante, pour être voués à une spécialité dont l'importance se perd tous les jours, est non-seulement un non-sens, mais encore un dommage réel. Que font, en effet, les généraux et officiers du génie pendant que les armées sont en présence et

que l'on se dispute la victoire? Eloignés du commandement par l'étroite spécialité à laquelle ils se sont
voués, ces généraux gardent des parcs d'outils, et les
officiers de ce beau corps s'occupent à combler quelques ornières qui gênent les mouvements de troupes.
Il est impossible d'allier plus d'humilité à plus de pré-
tentions. Nous pensons que l'honneur de rester
corps du génie, et par conséquent, de renoncer sans
cesse au commandement des armées, ne saurait,
après un mûr examen, prévaloir dans l'esprit de ce
corps célèbre; ce triste et stérile honneur a été ap-
précié à sa juste valeur par quelques-uns de ses membres qui ont quitté l'arme et qui, par leur valeur très
réelle, sont rapidement parvenus au premier rang dans
l'arme à laquelle le commandement était réservé.

L'association du génie et de l'artillerie est d'autant
plus convenable que partout les officiers d'artillerie, par
l'étendue de leurs connaissances, peuvent suppléer
les officiers du génie, tandis que les officiers du génie
étrangers au service de l'artillerie ne peuvent remplacer nulle part les officiers d'artillerie.

Il est encore de notoriété dans l'armée, que le génie,
réduit à ses propres ressources, est insuffisant partout dans les attributions qu'il s'est données en trop
grand nombre. Il a continuellement besoin des autres
armes comme auxiliaires : en Afrique, ces auxiliaires
constitués en compagnies portaient le nom de *petit
génie.*

Nous sommes persuadé que si quelques officiers du
génie nous lisent, ils comprendront qu'en combattant
leur spécialité, nous militons en leur faveur; car si
nous réussissons, nous les aurons rachetés de la position éternellement subalterne qu'ils se sont créée eux-
mêmes dans l'armée, et qui ne convient ni à leur ca-
pacité, ni à leurs connaissances étendues. Briser leur
spécialité, c'est les admettre inévitablement au commandement des armées.

Il nous reste à faire une réflexion qui sera parfaitement comprise des hommes de guerre, c'est que la
spécialisation trop tranchée des travaux de la guerre

correspond dans les arts à la *division du travail*; on obtient, il est vrai, des travaux plus parfaits et mieux exécutés, mais on fait de l'homme de guerre une machine comme on y est arrivé pour l'artisan; si ce résultat est utile dans les arts, il ne vaut rien à la guerre, où les meilleurs soldats sont ceux qui ne sont étrangers à rien de ce qui se pratique en campagne et qui ne sont embarrassés pour rien. Le soldat, le vrai soldat redevient, jusqu'à un certain point, un homme primitif, un homme de la nature, il faut donc autant que possible ne pas spécialiser certaines fonctions dans les mêmes mains.

ARTILLERIE.

Le chapitre de l'artillerie est difficile à traiter ; c'est une arme qui aujourd'hui se transforme; aussi ne donnerons-nous ici que des aperçus sommaires.

Si l'on a bien compris ce que nous avons dit du rôle des armes à la guerre, et notre distinction en *éléments actifs* et *éléments passifs*, on se convaincra qu'à la cavalerie doit être attachée une artillerie aussi mobile qu'elle. L'infanterie, comme élément passif ou défensif, n'en a pas autant besoin.

Quand l'empereur, sur la fin de ses guerres, prétendit qu'il avait dû porter le nombre des pièces à six par mille hommes, à cause de l'infériorité de l'infanterie, il s'est trompé ; il n'avait pas compris que c'était son armée entière qui avait déchu, parce qu'il n'avait plus le glaive des batailles, l'élément actif, c'est-à-dire la cavalerie. Mettre 6 pièces par 1,000 hommes dans l'infanterie, c'était augmenter les *impedimenta* d'une armée devenue presque immobile par l'absence de cavalerie.

L'artillerie se transforme, avons-nous dit : rien n'est plus vrai. Depuis l'invention de la carabine à balles cylindriques, depuis son perfectionnement, et depuis les expériences si curieuses faites à Vincennes, desquelles il résulte qu'à 80) et même 1,000 mètres, une balle non-seulement tue, mais traverse l'épaisseur d'une file d'infanterie, nous ne voyons plus bien l'emploi d'une nombreuse artillerie roulante sur les champs de bataille, et, sauf l'obusier, nous ne serions pas surpris que les carabines rayées à balles cylindriques, qui sont une véritable artillerie, ne finissent par supplanter tout à fait le canon des batailles.

Nous en appelons ici au jugement des hommes de guerre ; à qui donneraient-ils les chances de la victoire, si, de deux armées en présence, l'une présentait 600 pièces de canon servies par 6,000 hommes environ, et que l'autre eût à opposer 6,000 carabines nouvelles de 1,000 mètres de portée.

Pour nous, la réponse ne doit pas être douteuse, 6,000 balles cylindriques auront un effet bien autrement destructif que 600 boulets de 6 ou 8. Pour la première armée serait le bruit, et pour la seconde serait l'*effet* réel.

On dira peut-être non sans raison que le bruit du canon rassure le soldat, c'est vrai ; aussi, pour les premiers temps, nous conserverons du canon.

D'après nous, l'artillerie devra se composer de batteries d'*artillerie roulante*, et de *batteries d'artillerie portative*, c'est-à-dire de batteries d'artilleurs armés de carabines à longue portée.

Il nous paraît que les organisateurs des bataillons de chasseurs de Vincennes, n'ont pas compris leur œuvre en en voulant faire une annexe de l'infanterie, et le corps de l'artillerie n'a pas compris qu'il devait revendiquer ces bataillons comme lui appartenant.

Le choix qu'on a fait pour ces bataillons d'hommes petits, alertes, mais moins forts que les soldats d'artillerie et du génie, a obligé d'alléger les armes et le poids de la balle, par conséquent d'atténuer l'effet du projectile. On pourra donc, en transformant le génie en *artillerie portative*, grossir un peu l'arme et donner à la balle un peu plus de poids, par conséquent plus de force.

L'effectif actuel des trois régiments du génie est de 8,727 hommes, en le complétant à 10,000 hommes au moyen du personnel de l'artillerie, on aura de suite 10,000 carabines ou plutôt 10,000 pièces d'*artillerie portative*, c'est-à-dire une artillerie plus formidable que tout ce qui a paru sur aucun champ de bataille.

Voilà pour l'artillerie portative.

· Nous avons dit que l'artillerie devait être attachée spécialement à la cavalerie, comme élément actif, il faut donc qu'elle soit aussi mobile qu'elle, c'est pourquoi nous n'admettons que des batteries à cheval.

La cavalerie présentera 390 escadrons ; en lui donnant une pièce pour deux escadrons, nous aurons 198 pièces de campagne, qui formeront 36 batteries, c'est-à-dire une batterie par brigade de cavalerie, plus 3 batteries disponibles pour en doubler quelques-unes au besoin.

Les batteries à cheval actuelles comportent 222 hommes et 4 officiers, et 268 chevaux, y compris 10 chevaux d'officiers ; c'est-à-dire 226 hommes et 268 chevaux : 36 batteries feront un effectif de 8,036 hommes et 9,648 chevaux, que nous porterons à un tiers en sus pour les états-majors et les indisponibles, c'est-à-dire en nombres ronds à 10,000 canonniers et à 12,000 chevaux.

Nous ne demandons pas cependant la destruction des bataillons de chasseurs à pied : mais nous les attacherons à l'infanterie dont ils formeront l'artillerie portative, ou les tirailleurs. Ils feront partie de l'effectif des 61,900 hommes d'infanterie du pied de paix.

Telle est, en abrégé, la nouvelle organisation que nous demandons pour l'artillerie ; elle correspond parfaitement aux rôles des éléments *actifs* et *passifs* que nous avons reconnus être les seuls éléments d'une armée.

Cette nouvelle organisation permettra de réduire

beaucoup les parcs qui suivent les armées, puique les approvisionnements de l'artillerie, au lieu d'être tout en boulets, consisteront surtout en cartouches de carabines.

Si on a bien compris toute la portée de la grande conception du général Duvivier, sur la formation d'une vaste et *unique* place de guerre qui aujourd'hui est Paris, on devinera bien vite qu'elle entraîne la suppression de toutes les directions et dépôts d'artillerie des frontières, sauf celles de la Corse et de l'Algérie, de tous les arsenaux de construction, sauf celui de Vincennes.

On devra conserver les manufactures d'armes qui, comme par le passé, resteront sous la direction et la surveillance du corps de l'artillerie, attendu qu'on ne pourrait pour l'armement de l'armée avoir une entière confiance dans les fournitures de l'industrie.

Nous n'entrerons pas dans de plus grands détails à cet égard; il sera temps de les développer, si notre idée devient féconde, malgré l'avis des spécialités.

Le budget de 35 millions que nous avons assigné à l'artillerie, suffira largement pour entretenir cette arme, ainsi que les divers trains.

L'organisation de l'*artillerie* en brigades et en divisions, sera l'objet d'un travail particulier.

ÉTAT-MAJOR GÉNÉRAL ET ETATS-MAJORS PARTICULIERS.

Si l'on a eu raison de prétendre qu'un gros budget bien employé est une des causes de la prospérité publique, on peut dire avec plus de justesse encore, qu'un gros budget gaspillé à ne rien produire, est la cause principale de l'affaiblissement progressif d'un Etat; car de ce gaspillage infructueux résulte nécessairement l'abaissement du crédit et surtout le retrait de la confiance que la nation doit avoir dans son gou-

vernement. Or un gouvernement qui a perdu cette
confiance si difficile à acquérir est atteint d'une maladie mortelle à laquelle il doit nécessairement succomber, même sans convulsion politique, en trois
jours, comme cela est arrivé le 24 février 1848.

L'état-major général de l'armée se compose actuellement de 81 lieutenants généraux et 160 maréchaux
de camp formant le cadre d'activité.

Mais à côté de ce cadre déjà nombreux, en temps
de paix, existe encore un cadre de réserve illimité
qui est aujourd'hui de 62 lieutenants généraux et
109 maréchaux de camp.

Le cadre d'activité et le cadre de réserve comportent donc 143 lieutenants généraux et 329 maréchaux
de camp, sans compter les 44 lieutenants généraux et
les 129 maréchaux de camp en retraite. Or, quel est
le besoin, d'avoir 143 lieutenants généraux et 329
maréchaux de camp ; c'est un luxe d'abord préjudi-
ciable aux finances de l'Etat; puis bien plus compro-
mettant encore, dans la supposition d'une collision
possible avec une puissance européenne.

Par une de ces anomalies trop nombreuses dans
notre législation militaire, en même temps que la loi
du 4 août 1839 réduisait le nombre des maréchaux de
12 à 6 pour le temps de paix, elle créait un cadre de
généraux en réserve devant recevoir impitoyablement
tous les lieutenants généraux atteints par l'âge de 65
ans (sauf prolongation de quelques-uns à 68), et les
maréchaux de camp par celui de 62 ans; c'est-à-dire
qu'on a mis en coupe réglée, hors de cause, une foule
de généraux verts et vigoureux et fort capables de
rendre encore d'excellents services surtout en temps
de paix, et cela, pour faire des places dans le cadre
d'activité à des ambitions que jamais l'état de paix ne
saurait justifier.

Quel besoin y a-t-il d'avoir un maréchal de camp
commandant chaque département. Le département
n'est pas une division territoriale militaire, mais bien
administrative, aussi arrive-t-il que quelques maréchaux de camp sont commis au commandement de

quelques compagnies de vétérans (nous citerons entre
autres le général commandant le département de la
Lozère, qui n'a qu'une compagnie de fusiliers vétérans sous ses ordres).

S'il a été utile de partager la France militaire en divisions territoriales commandées par des lieutenants
généraux (au nombre de 21) il eût été logique de la
subdiviser en brigades territoriales et non en *subdivisions* ou *départements* : chaque division territoriale
se serait composée de 3 ou 4 brigades territoriales sur
lesquelles auraient véritablement stationné les brigades de l'armée qu'il faudrait enfin embrigader et en-
divisionner pour leur donner l'esprit d'ordre qui doit
exister en temps de guerre.

L'armée actuelle consiste en 100 régiments d'infanterie (sans compter les corps spéciaux à l'Afrique), 10
bataillons de chasseurs d'Orléans, plus 54 régiments
de cavalerie (sans compter les 4 régiments de chasseurs d'Afrique ni les spahis) : toutes ces troupes
ne peuvent former que 71 brigades (à 2 régiments
chaque brigade), et 36 divisions, elles ne nécessitent
donc que 71 maréchaux de camp et 36 généraux de
division.

Quelles que soient les combinaisons qu'on ima-
gine avec les 100 régiments d'infanterie, les 10 bataillons d'Orléans et les 54 régiments de cavalerie,
on ne réussira jamais à en former plus de 71 ou 72
brigades et 35 ou 36 divisions, dès lors quel besoin
est-il d'avoir un cadre d'activité de deux lieutenants
généraux par division et deux maréchaux de camp
par brigade et, si l'on compte le cadre de réserve, plus
de 4 lieutenants généraux par division et plus de 4
maréchaux de camp par brigade. Si pour chaque
emploi de général, il y a 4 titulaires, quelle raison
valable pourra-t-on alléguer pour ne pas quadrupler
tous les autres grades de l'armée?

Il est certainement utile d'avoir des forces militaires en réserve, mais c'est en soldats, et non en un
luxe superflu de généraux non éprouvés.

Alléguera-t-on que si la guerre éclatait, il y aurait

— 60 —

un grave inconvénient à n'avoir que de trop vieux généraux à la tête de l'armée ? Sous ce rapport nous serions dans la même situation que les puissances étrangères qui n'ont pas mis leurs généraux en coupe réglée, comme la loi du 4 août 1839 l'a fait chez nous ; d'ailleurs pour commencer la guerre nous aurions plus de confiance encore en de vieux généraux rompus au métier que dans des généraux plus jeunes, produits par la paix et dont on encombre les cadres de l'état-major général.

En vain dira-t-on que les forces trahiraient le courage de nos vieux généraux; est-ce par défaut de vigueur et de force que les vieux feld-maréchaux de Mélas, Alvinzi et Wurmser succombèrent devant le jeune général de l'armée d'Italie? Non certes, avant son apparition, ils avaient tenu tête avec avantage aux généraux de la République qui l'avaient précédé dans le commandement de l'armée d'Italie, mais leur fortune fléchit devant le génie de Bonaparte.

Ainsi donc la loi du 4 août 1839 n'a été proposée et promulguée, selon nous, que dans un but défini naguère, celui de l'*abus des influences* : cette loi n'a eu d'autre résultat que d'établir un steeple-chase d'avancement, d'encombrer la tête de l'armée de 143 lieutenants généraux et 329 maréchaux de camp; elle a surexcité, dans l'armée, une soif ardente de grades, chez tous les officiers, un mécontentement général, de la position que chacun d'eux occupe, et un désir effréné d'en changer *per fas et nefas*.

La loi qui a fixé à la moitié des vacances l'avancement au choix des capitaines au grade de chef de bataillon, a contribué pour beaucoup à cet esprit d'intrigue qui pénètre jusque dans les rangs inférieurs de l'armée, et qui y jette surtout la désunion en excitant l'envie et la jalousie des délaissés, contre les favorisés. Aussi, nous n'avons pas été peu surpris de la loi récemment passée, qui augmentait les chances du choix en lui donnant encore tous les emplois dits spéciaux, comme si la moitié des places au choix pour le grade d'officier supérieur et tout le reste au choix ne suffisaient pas. Et pourquoi cet excès? Pour rajeunir, dit-on, la tête de l'armée; mais s'est-on souvenu que dans un régiment il n'y a que 6 officiers supérieurs et au moins 67 officiers subalternes, c'est-à-dire que la proportion des premiers aux seconds est moindre d'un dixième, dès lors quel besoin y avait-il de multiplier les chances du choix qui étaient auparavant de une sur trois vacances, pour ne fournir qu'un dixième d'officiers supérieurs. Louis XVIII avait coutume de dire, avec amertume, quand il avait une place à donner : *Je fais un ingrat et cent mécontents.* C'est apparemment pour augmenter ces fâcheuses dispositions que l'on a augmenté les moyens de faire des ingrats et des mécontents.

Qu'on ne s'y trompe donc pas, si on ne réduit pas au cinquième des vacances les chances de l'avancement à la faveur, on augmenterait cette soif inextinguible d'avancement, et le Gouvernement, loin de se faire des amis, augmenterait et le nombre des ingrats et celui des mécontents. Il y a des passions qu'il faut se garder de surexciter.

Pour en revenir à notre thèse, on est surpris de voir mettre sur le cadre de réserve des généraux que nous pourrions citer, et qui sont plus verts et plus vigoureux que tels ou tels des ambitieux qui les poussent, pour ainsi dire, dans la tombe. Il n'est pas vrai qu'en temps de paix, un maréchal de camp ne puisse plus à 62 ans commander une brigade, et qu'à 65 ou 68 ans un lieutenant général soit tombé dans un tel état de marasme qu'il ne puisse plus commander une division territoriale. Notre opinion est que, dans l'état de paix qui tend à devenir l'état normal, les généraux peuvent fort bien être conservés beaucoup plus longtemps et rendre encore de très bons et très utiles services.

Abordons actuellement des considérations d'un ordre supérieur, si toutefois il en est qui puissent primer celles qui tendent à faire cesser la dissipation inutile des ressources financières d'un état.

« L'*Art de la guerre*, selon les meilleurs écrivains, est l'ensemble des connaissances nécessaires pour conduire une masse d'hommes armés, l'organiser, la mouvoir, la faire combattre, et donner aux éléments qui la composent leur plus grande valeur, tout en veillant à leur conservation, »

« Le *Génie de la guerre* consiste dans le talent de les appliquer à propos, d'aviser les meilleures combinaisons avec sûreté et promptitude, au milieu des dangers et des crises (1). »

Si l'art de la guerre exige de longues et consciencieuses études, le *Génie de la guerre* ne s'acquiert pas, on l'a en naissant, seulement il ne se développe que sur le champ de bataille. Si donc on se hâte de remplir en temps de paix toutes les vacances de généraux, quelle place laisserez-vous aux hommes que la guerre fera éclore? Quel moyen aurez-vous d'éloigner de l'armée, sans les couvrir d'ignominie, les hommes que vous aurez mis prématurément à la tête de nos troupes et dont la présence et l'influence pourraient compromettre le succès de nos armes ou l'honneur de la France? En temps de paix, conservez donc vos généraux vieux à la tête de l'armée, la vieillesse leur deviendra un prétexte honorable pour céder la place aux hommes que la guerre désignera pour les remplacer.

Il faut, dit M. le maréchal duc de Raguse, qu'un homme destiné au commandement ait fait la guerre très jeune et peu après son entrée dans la carrière ; sinon, il acquerra avec peine ce tact, cet instinct qu'elle crée, et qui en simplifie singulièrement les difficultés. Or, où auront fait la guerre, cette masse de généraux que produit aujourd'hui l'état de paix tous *brevetés* il est vrai, mais on peut le dire nettement *sans garantie du Gouvernement?* La paix ne peut, tout au plus, produire que quelques bons chefs de bataillon, sachant faire manœuvrer très habilement un bataillon, mais avec l'état d'éparpillement actuel de

(1) Extraits du dernier ouvrage de M. le maréchal duc de Raguse.

l'armée, quel général pourra devenir assez manœu-
vrier, pour suppléer au génie de la guerre non encore
réveillé en lui ?

Qu'on ne s'effraie pas, d'ailleurs, de cette prétendue caducité de la tête de l'armée. Il y a tel et tel général que nous pourrions citer qui offrirait des chances
certaines de succès à la guerre ; mais nous devons
l'avouer, beaucoup de noms plus *à la mode* qu'en re-
nom réel seraient exclus de notre liste.

Qu'est-il arrivé, d'ailleurs, de cette soif démesurée
d'avancement surexcitée depuis 1830 ? Que pour
l'atteindre on a vu des officiers se livrer, avec une ar-
deur puérile, à des occupations en dehors des attributions militaires: les uns se sont occupés de barioler les
soldats de courroies et de bretelles, qui leur donnent
l'air de marmots en lisières, et l'on s'est empressé
d'affubler toute l'armée de ces niaiseries, sans s'in-
quiéter si au premier bivouac, toutes ces fantaisies
des généraux de la paix, ne seront pas inutiles à la
guerre, et ne paralyseront pas nos troupes, alors dé-
pourvues d'un fourniment éprouvé; d'autres, ne s'oc-
cupant que de la coupe et de la confection des habits,
sont parvenus à pincer nos soldats dans des vêtements presque collants, flattant l'œil, c'est vrai, mais
incompatibles avec l'aisance des mouvements à la
guerre ; d'autres inventent des manœuvres qu'on
ne peut exécuter que sur un champ de Mars ou au
théâtre.

Quels que soient les arguments qu'on voudra employer pour justifier l'état de choses actuel, on ne nous
persuadera pas: 1° que les généraux actuels soient usés
et incapables à 62 et à 65 ans, 2° qu'il soit nécessaire
d'avoir en temps de paix, comme cela existe aujour-
d'hui, 4 lieutenants généraux par division et plus de
4 maréchaux de camp par brigade; 3° enfin, que pour
composer les officiers supérieurs de l'armée, dont le
nombre équivaut à peine au 1/10 de celui des officiers
subalternes, il faille établir la loi de l'avancement au
choix par moitié, jusqu'au grade de chef de bataillon,
et tout au choix dans les grades plus élevés.

Toutes ces prétendues nécessités que rien ne justifie ont eu, nous le répétons, pour résultat de grever outre mesure les finances d'un Etat, et de répandre dans l'armée les idées les plus contraires à l'esprit de corps et à la discipline, et surtout le grave inconvénient de donner les grades élevés de l'armée à des hommes plus jeunes, c'est vrai, mais dont tout le mérite militaire ne se sera révélé que dans des garnisons.

Si, pour satisfaire à *l'abus des influences*, nous avons un budget de la guerre qui grève la France d'une dépense de plus d'un million de francs par jour; si on épuise les finances et les ressources de l'Etat en temps de paix, que deviendra-t-on au moment où il faudra lutter avec un ennemi qui nous déclarerait la guerre?

D'après notre organisation, 65 régiments de cavalerie forment 32 brigades et 16 divisions.

72 régiments d'infanterie donnent 36 brigades et 18 divisions.

20,000 hommes d'artilleie ne comporteront que la valeur de 4 divisions et de 8 brigades (1).

Toutes ces troupes ne pourront, en aucun cas, former plus de 76 brigades et 38 divisions, et par conséquent motiver la création de plus de 76 généraux de brigade, de 38 généraux de division, et 6 maréchaux de France.

Tel doit être selon nous le cadre de l'état-major général de la paix.

Nous fixons la solde des officiers généraux de la manière suivante :

Maréchal de France, 50,000 fr.
Général de division, 30,000 } sans accessoires.
Général de brigade, 20,000 }

La solde-retraite pour les généraux sera équiva-

---

(1) Dont l'organisation ne peut être traitée en détail dans cet aperçu.

lente à la demi-solde, sauf les maréchaux qui ne seront jamais en retraite.

Quant aux états-majors particuliers, voici leur composition :

Suppression du titre et des fonctions d'aide de camp; voici pourquoi : dans chaque division, il y a maintenant un état-major de la division et l'état-major particulier des généraux, ou les aides de camp ; or il y a sans cesse rivalité entre ces deux catégories d'états-majors ; la première est primée par la seconde ; il en résulte désunion et confusion dans la communication des ordres et dans l'expédition des affaires.

Chaque général de division aurait à sa disposition un colonel faisant fonctions de chef d'état-major et de premier aide de camp, deux chefs d escadrons faisant fonctions de sous-chef d'état-major et de seconds aides de camp, plus six capitaines faisant également les fonctions d'aides de camp et d'officiers à l'état-major général.

Chaque général de brigade aura 2 capitaines d'état-major (le plus ancien étant le chef d'état-major de la brigade).

Chaque maréchal employé aura un état-major en nombre double de celui du général de division, ce qui comportera un corps d'état-major particulier de :

41 colonels, 82 chefs d'escadrons, 282 capitaines, y compris les états-majors de l'artillerie.

Nous demandons le rétablissement du corps des ingénieurs-géographes.

Les conditions pour l'admission dans le corps d'état-major seront l'objet d'une fixation ultérieure.

DU DROIT AU COMMANDEMENT.

M. le duc de Raguse dit dans son livre intitulé
Esprit des Institutions militaires :

« Les qualités nécessaires à un général de cavalerie
« sont d'une nature si variée et se rencontrent si ra-
« rement dans une même personne qu'elles semblent
« presque s'exclure.

« Il faut d'abord un coup d'œil sûr et prompt, une
« décision rapide et énergique qui n'exclue pas ce-
« pendant la prudence ; car une erreur, une faute
« commise en commençant un mouvement sont irré-
« parables, à raison du peu de temps qu'il faut pour
« l'exécuter. Il en est autrement pour l'infanterie,
« dont la marche est toujours lente, comparée à celle
« d'un général et de ses aides de camp.

« Le général de cavalerie doit s'étudier à mettre
« ses troupes à l'abri du feu de l'ennemi, tant qu'elles
« sont en position, mais les prodiguer quand le mo-
« ment de l'aborder est venu. La veille de la bataille,
« et jusqu'à l'heure du combat, il les administrera,
« hommes et chevaux, avec un soin minutieux, il en-
« tretiendra leurs forces dans toute leur valeur ; mais
« le moment venu, il doit savoir dépenser cette cava-
« lerie sans égard aux chances de perte, avec la seule
« préoccupation d'en tirer tout le parti possible.

« Un général ne remplit presque jamais au même
« degré ces deux conditions. Tel excellent admi-
« nistrateur conserve sa cavalerie ; mais, trop occupé
« de cette pensée, il n'ose la lancer sur l'ennemi,
« et elle devient inutile le jour de la bataille. Tel
« autre, toujours prêt à la mettre en action, en a si
« peu de soin pendant la campagne, qu'elle périt de
« misère avant de voir l'ennemi. »

M. le duc de Raguse ne dit rien des qualités du

général d'infanterie ; il n'avait effectivement rien de particulier à dire, n'ayant pas considéré l'armée comme essentiellement composée *d'un élément actif* et *d'un élément passif.*

Nous dirons, nous, que le général d'infanterie est le bras qui porte le bouclier, tandis que le général de cavalerie est celui qui dirige le glaive des batailles; c'est donc à ce dernier que nécessairement doit être dévolu le commandemeut sur les champs de bataille et partout. Mais jamais il n'acquerra les éminentes qualités dont le maréchal Marmont fait plus haut la description, s'il n'a fréquemment, et peut-être sans interruption, l'occasion de les développer : or nous pensons que nos douze camps permanents de cavalerie sont indispensables pour les former au commandement.

Quant aux généraux actuels de l'artillerie et du génie, ils sont, pour le moment, impropres au commandement des armées, attendu la singulière abnégation de ces deux corps consistant à n'avoir pour officiers généraux que des *chefs de service* et jamais *des chefs d'armée.*

Si nos prévisions se réalisent, si l'artillerie se transforme, si le canon disparaît des batailles pour faire place à *l'artillerie portative*, peut-être sentira-t-on la nécessité de monter tous ces artilleurs armés de carabines à longue portée; l'artillerie deviendrait alors une véritable cavalerie, et ses chefs seraient parfaitement propres au commandement des armées.

Quant à l'infanterie, s'il s'y révélait des hommes doués du génie de la guerre, ils sauraient, par exception, se faire place au commandement. En attendant, il est sage de l'attribuer aux hommes qui tiennent l'épée plutôt qu'à ceux qui commandent l'élément passif.

HABILLEMENT DES TROUPES ET SUBSISTANCES.

C'est toujours en temps de paix que naissent les *impedimenta* de la guerre. En temps de guerre on *simplifie*, en temps de paix on *complique;* et tel est le travers de l'esprit humain, qu'il revient aveuglément, pendant la paix, à toutes les *complications* que l'expérience a mille fois démontrées impraticables à la guerre.

C'est ce qui est arrivé depuis 1814 en 1847. Aujourd'hui l'esprit soi-disant administratif est parvenu à créer, dans chaque régiment, une compagnie dite hors rang, composée de tailleurs et de cordonniers; c'est-à-dire, que dans l'armée française. il y a 105 compagnies hors rang et 61 pelotons hors rang, ou la valeur de 4 régiments d'infanterie et. de 6 régiments de cavalerie composés de cordonniers et de tailleurs; n'est-ce pas exorbitant ?

On ne saurait comprendre pourquoi, dans un pays civilisé et industrieux, l'armée s'est isolée complétement de l'industrie qui pouvait lui fournir habits et chaussures, aussi bien confectionnés, à aussi bon marché et bien plus rapidement.

On a motivé cette création de cordonniers et de tailleurs, en disant que les habits et les chaussures de commerce étaient mal confectionnés et de mauvaise qualité. Nous ne pouvons admettre ce prétexte, attendu que ces effets devant être reçus et acceptés par des commissions d'officiers et d'experts, il ne dépendra que des corps que les fournitures soient de bonne qualité. Il est vrai qu'on se décidera difficilement à supprimer les marchés passés dans les bureaux de la guerre pour laisser agir la concurrence. Les corps, moyennant un tarif une fois fixé, achèteraient au commerce tous les objets d'habillement dont ils auraient besoin.

Aujourd'hui, dans les corps, on considère que c'est un immense avantage de pouvoir prendre mesure au jeune soldat et de lui faire des habits à sa taille. Qu'en résulte-t-il? c'est que pour donner bonne grâce au soldat, on l'emprisonne dans des habits que le maître-tailleur a tout intérêt à rendre aussi étroits que possible.

Les militaires qui ont laissé prévaloir ces motifs de prétendue bonne tenue, n'ont sans doute pas fait la guerre, ou s'ils l'ont faite, ils ont peu observé. En campagne, il faut que les mouvements du soldat soient libres, qu'ils s'exécutent sans gêne, conséquemment que les habits soient aisés ; la beauté d'une troupe ne se juge pas sur les individus isolés, mais sur l'ensemble sous les armes ; ces belles troupes de la garde impériale à pied, avaient-elles des habits pincés dans lesquels les soldats étaient mal à l'aise? non certes; la beauté des soldats de l'empire consistait, surtout, dans une attitude noble et martiale, dans l'entretien parfait de leurs armes.

Les militaires, auteurs du règlement qui adoptait trois tailles pour les habits, comprenaient les exigences de la guerre. En Afrique, les habits étriqués de nos fantassins ne leur ont servi à rien; c'est l'ample capote qui a supporté toutes les fatigues, tandis que l'inutile habit se mangeait aux vers, ou pourrissait dans les magasins provisoires des corps en campagne.

Mais admettons avec les faiseurs de la paix, avec certains généraux plus versés dans la coupe des habits que dans la science des César, des Frédéric et des Napoléon, que ces 10 régiments de tailleurs confectionnent mieux que l'industrie, la question est de savoir si les régiments en campagne peuvent tirer habits et chaussures des dépôts? L'exemple de l'Afrique est encore à citer; ce n'est qu'avec une peine infinie que les corps obtiennent des dépôts ce qui leur est nécessaire, et souvent les soldats sont presque nus avant que les effets de rechange soient arrivés; et cependant, pour l'armée d'Afrique, on a toutes les facilités de la mer; que serait-ce donc, si, du fond de l'Allemagne ou de toute autre contrée éloignée, il fallait faire venir les effets nécessaires à l'habillement des troupes? elles auraient mille fois le temps de périr de froid.

Pense-t-on que l'industrie, par exemple, ne pourrait fournir en Afrique à nos troupes les effets d'habillement dont elles auraient besoin, et que les chefs de ces héroïques soldats, qui supportent des fatigues surhumaines, n'auraient pas tout intérêt à veiller à ce que les fournitures fussent de bon aloi? et faut-il être à toute force *capitaine* dit *d'habillement*, agent du campement et de l'habillement pour ne pas être soupçonné de malversation?

L'expérience a prouvé que les dépôts ne peuvent pourvoir leurs corps en campagne des objets qui leur sont nécessaires, tandis que l'industrie et la concurrence, qui ne connaissent pas d'obstacles quand il s'agit de réaliser quelques bénéfices, le feraient à point nommé. Pense-t-on qu'en Espagne, en Italie ou en Allemagne, les armées impériales aient été approvisionnées par les dépôts et qu'elles n'aient jamais eu recours à l'industrie? non, certes; les dépôts ignoraient le plus souvent où étaient les corps auxquels ils appartenaient.

Les soldats, outre les souliers qu'ils ont aux pieds et ceux qu'ils ont dans le sac, peuvent bien porter une paire de semelles de rechange; des soldats *combattants* peuvent bien restaurer les chaussures de la troupe. Mais si cela est possible pour les chaussures, cela devient impossible pour les vêtements, chaque soldat ne peut porter du drap pour la confection de son habillement.

Partout, il existe du drap et des tailleurs, partout en Europe, on peut, moyennant paiement, faire confectionner ce qu'on voudra; dès lors, il est parfaite-

ment superflu de considérer l'armée comme isolée de
la société, de détourner de l'effectif combattant,
toutes ces non-valeurs que l'esprit soi-disant administratif entasse à la suite des armées, et de demander
à la conscription près de 15 mille hommes pour en-
lever à l'industrie la confection des effets militaires.

Mais où l'esprit administratif et routinier a princi-
palement prévalu, c'est dans la confection du pain pour
l'armée : quoi! aujourd'hui, en pleine paix, sur le territoire de la France, on se croit encore obligé de confectionner le pain pour la troupe, et, pour cette prétendue nécessité, d'assimiler la France à un pays où il
n'y a ni moulins ni fours appartenant à l'industrie.

Qu'on nous cite en France ou dans l'Europe civili-
sée, une seule localité où un soldat pourvu de 4 sols
tous les jours pour acheter du pain, n'en trouvât pas
non seulement en quantité suffisante, mais à choisir;
qu'on nous cite un seul cas où l'industrie appelée à
fournir du pain à un, deux, dix régiments, etc., ne
s'empressât pas de l'apporter même dans les casernes,
à un prix égal, sinon inférieur au prix de celui que
mange la troupe.

Si c'était par sollicitude paternelle qu'agit ainsi le
Gouvernement; si c'était pour procurer à la troupe
un pain meilleur, plus savoureux que celui de l'industrie privée, peut-être pourrait-on comprendre pourquoi l'État s'embarrasse de ce soin; mais qu'on par-
coure en France les rues environnant les casernes, et
l'on verra dans les boutiques des regrattiers, la majeure partie du pain que vient de recevoir la troupe.
Le pain de munition de trois livres se vend ordinairement 20 centimes, au plus 25 et souvent moins, aux
regrattiers, qui le revendent moyennant un bénéfice de
deux ou trois centimes. Est-ce la preuve que le pain
du soldat soit bon, puisqu'une grande partie des hommes s'en défait, donne pour 20 à 25 centimes la
subsistance de deux jours de pain, et préfère pour ce
prix la minime ration qu'il achète chez le boulanger.

Sur le territoire de la France, le soldat achète sa viande; pourquoi n'achèterait-il pas son pain par la même méthode? Cette simplification supprimerait d'un trait de plume le corps des subsistances militaires, les ouvriers d'administration, les manutentions, les moulins, les fours militaires et toutes les paperasses que comporte cette monstruosité dite administrative, on répète que les gens des campagnes, les pauvres seraient heureux d'avoir la ration du soldat; sans doute, mais cette raison n'est applicable qu'à ce fait : savoir que le paysan, le pauvre serait heureux d'avoir une ration de pain quelconque; elle n'implique pas que le soldat qui possède cette ration, soit obligé de manger du pain de qualité très inférieure, tandis qu'au prix payé par l'État, il en aurait de meilleur par les soins de l'industrie privée, et ne pourrait jamais en manquer, ce qui arrive quelquefois sous le régime actuel, quand le pain est d'assez mauvaise qualité pour être refusé par la troupe; car avant qu'on puisse remplacer le pain que fournit l'État par celui de l'industrie qui est tout prêt, il faut que l'intendance intervienne, le temps se passe, la troupe chôme, et comme c'est le Gouvernement qui fournit et qui est juge, souvent le soldat est obligé de manger ce que ses chefs avaient refusé pour lui.

En temps de guerre, si les armées ne devaient manger que le pain fabriqué par les boulangers de la guerre, elles ne mangeraient pas souvent. En Afrique, dès qu'on fait une expédition, le soldat ne mange plus de pain; qui le lui porterait? on lui donne du biscuit emmagasiné, du riz, etc., etc. En station, ou dans les camps, on lui sert de nouveau l'exécrable ration de pain noir et lourd que lui impose *per fas et nefas* l'administration, tandis que souvent, à la porte de la caserne ou du camp, il regarde d'un œil d'envie le pain blanc et appétissant que le cantinier civil vient lui vendre chaque jour.

Le pain de l'administration a plus envoyé d'hommes

aux hôpitaux et en a plus tué que le plomb de l'ennemi.

Ne serait-il pas enfin temps, au milieu d'une nation
de 35 millions d'âmes qui tous les jours mange du pain,
et qui est vêtue, de supprimer ces régiments de tailleurs
dits militaires, et ce pain qu'on dirait appartenir à une
civilisation arriérée de quelques siècles.

Mentionnons ici quelques réflexions de M. le maréchal duc de Raguse (1), sur la subsistance des
armées.

« Le seul moyen efficace d'assurer la subsistance
« régulière du soldat, c'est de le charger lui-même
« d'y pourvoir d'après un mode déterminé. J'en ai fait
« l'expérience, et le résultat a été complétement fa-
« vorable. »

« On ne fait pas la guerre dans un désert, et quand
« cette circonstance passagère arrive, on prend des
« dispositions en conséquence. La guerre se fait ordi-
« nairement dans des pays habités; et là où il y a des
« hommes, il y a des grains pour les nourrir; c'est
« donc dans le moyen d'employer les grains dont les
« greniers sont remplis, que se trouve la solution de
« la question. »

« La grande difficulté est de réduire le grain en fa-
« rine, mais il faut des moulins pour moudre le blé;
« on vivrait au besoin avec de la farine seule, sans la
« convertir en pain; on mourrait de faim sur des tas
« de blé. »

« Pourquoi, en campagne, les soldats ne manquent-
« ils jamais de soupe quand ils ont de la viande, du
« pain et des marmites? C'est qu'il *la font eux-mêmes.*
« Si un intendant avait imaginé de s'en charger pour
« toute une division, sous un prétexte quelconque, ou
« même un colonel pour son régiment, jamais dans
« les mouvements les soldats n'en pourraient man-
« ger. »

« Je veux appliquer au pain l'exemple de la soupe,

(1) *Esprit des Institutions militaires*, page 96.

7

« et le soldat n'en manquera jamais en temps de
« guerre. Je propose de donner à l'armée des moulins
« portatifs. J'ai pris cette mesure dans une campagne
« d'Espagne et elle a complétement réussi. L'armée de
« Portugal, en 1812, a vécu ainsi pendant six mois; le
« seul inconvénient que l'on a rencontré, c'est que les
« meules s'usaient vite, on y a remédié au moyen
« d'une meilleure trempe et on en a fait de très du-
« rables. »

« Voici quelles étaient et quelles doivent être les
« conditions de ces moulins :

« 1° Assez légers pour être portés par un soldat,
« si des moyens réguliers de transport viennent à
« manquer ;

« 2° Pouvoir être mus par un seul homme ;

« 3° Donner de belle farine et suffire, par un tra-
« vail de quatre heures, aux besoins d'une compa-
« gnie.

« Les moulins de l'armée de Portugal donnaient 30
« livres de belle farine à l'heure. »

La question des subsistances se trouve donc forcément ramenée à ces termes simples : 1° en
paix, l'industrie doit fournir le pain au soldat, qui
l'achetera au moyen d'une allocation en argent ;
2° en campagne, l'industrie le lui fournira autant
que cela lui sera possible, et dans le cas contraire, le
soldat se le fournira lui-même en se le confectionnant,
puisque l'administration ne peut le faire.

Que l'on consulte là-dessus l'officier qui a fait la
guerre et le vieux soldat ; si l'immense majorité n'est
pas favorable à la proposition que nous formulons ;
nous l'abandonnons dès aujourd'hui.

Pour réaliser un progrès qui simplifiera la question des subsistances, il ne s'agit que de l'inscrire
dans la loi. Alors disparaîtra une immense partie
de ce fatras dit *administratif*, qui embarrasserait la
marche des armées, si, dès les premiers coups de canon, le commandement n'était forcé d'en secouer le

joug, pour rentrer dans la *simplification*, sans laquelle on ne peut faire une guerre efficace.

Que le gouvernement le veuille donc, et, comme
par enchantement, on verra se simplifier l'histoire
indéchiffrable du budget de la guerre, et on pourra,
en rendant à l'industrie ce qui lui appartient, dégrever le recrutement de 15 mille soldats, appelés sous
les drapeaux comme tailleurs, cordonniers ou boulangers.

Terminons ce chapitre par une citation du maréchal de Saxe, p. 24.

« Je voudrais que le soldat fut vêtu de manière
« qu'il eût une veste un peu ample, avec une petite
« veste de dessous, en forme de gilet, un *manteau à*
« *la turque, avec un capuchon*, Ces manteaux couvrent
« bien et ne contiennent que deux aunes et demie de
« drap, pèsent peu et coûtent peu. Ils mettent la tête
« et le col du soldat à couvert de la pluie et du vent,
« et, lorsqu'il est couché, il est conservé et a le corps
« sec, parce que cet habillement ne colle point et le
« soldat le sèche à l'air, dès qu'il fait un moment de
« beau temps.

Ce manteau à capuchon est adopté par les zouaves,
qui s'en trouvent à merveille.

7.

ADMINISTRATION.

Si on admet les termes simples d'après lesquels nous avons établi les droits à la solde entière, ou solde de présence, et ceux à la demi-solde, ou solde d'absence, ainsi qu'aux allocations à faire aux troupes, soit en indemnité de pain, soit en vêtements et équipements demandés à l'industrie, il ne reste à l'administration, c'est-à-dire au corps de l'intendance, d'autre soin que d'établir la liste des présents et des absents.

C'est pourquoi nous avons demandé que dans chaque corps, il n'y eut, pour tout comptable, qu'un adjoint à l'intendance militaire, lequel établirait les droits de chacun.

Quant aux fournitures en vêtements et équipements, il participerait à leur réception de concert avec une commission de réception fournie dans chaque régiment.

Le contrôle, au lieu d'exister seul, du côté du corps de l'intendance vis-à-vis les troupes, serait réciproque et, nous croyons, plus efficace; d'un côté, le délégué de l'intendance centraliserait toutes les opérations administratives des corps, d'un autre, le corps contrôlerait les opérations de cet agent, et, dans le cas d'une dissidence, en référerait au ministre de la guerre.

Telle est la formule simple de l'administration, ou plutôt de la comptabilité de la guerre, car le mot d'administration selon nous implique l'idée de *création*, de *production*, tandis que l'armée recevant ses ressources toutes produites, il ne s'agit que d'en établir l'emploi.

L'administration particulière des régiments serait

supprimée, ainsi que tous ces grades parasites de majors, de capitaines d'habillement, de capitaines trésoriers et d'adjoints aux trésoriers.

Les dépôts particuliers des corps seraient également supprimes.

Il y aurait un dépôt général pour toute l'infanterie, on pourrait le scinder en trois fragments, l'un à Metz pour la frontière du Nord et de l'Est, le second à Grenoble pour la frontière des Alpes, et le troisième à Toulouse pour la frontière Espagnole. La centralisation de ces trois fragments existerait au ministère de la guerre.

Le dépôt général de la cavalerie serait situé à Tours, ou au Mans, et le dépôt général de l'artillerie existerait à Vincennes.

Telle est notre idée fondamentale d'administration de la guerre; s'il s'agissait un jour de la mettre à exécution, les détails en seraient facilement et simplement déduits.

RÉSERVE.

Depuis les guerres de la République, depuis celles du Consulat et de l'Empire surtout, époque où la victoire semblait avoir choisi le drapeau de la France, pour son étendard, il n'était venu à la pensée de personne, que l'étranger pût un jour envahir le sol de la patrie ; cette sécurité confiante semblait avoir gagné jusqu'à l'Empereur lui-même. C'est pourquoi tout était organisé dans la prévision de la victoire, et rien dans celle d'un revers dont le soupçon même aurait vivement offensé la susceptibilité nationale ; aussi, quand vinrent les jours néfastes, quand l'étranger eût passé le Rhin, personne sur tout le territoire de l'Empire ne sut ce qu'il fallait faire, où il fallait se rallier pour résister à l'ennemi ; il y avait encore en France des bras forts, des cœurs énergiques, des armes et des munitions, mais il n'y avait plus ni impulsion ni direction ; et faute de savoir où aller pour sauver la Patrie, personne ne bougea, si ce n'est quelques corps francs, en trop petit nombre pour que l'héroïque courage, qui en animait les membres, pût arrêter l'avalanche qui s'avançait menaçante sur Paris. Deux fois la France succomba, et cependant elle pouvait étouffer son ennemi, et ne pas laisser sortir vivant un seul homme de son territoire.

Pourtant Napoléon, avant la bataille de Wagram, en voyant la facilité avec laquelle l'Autriche enfantait des armées, disait :

« Jusqu'à présent, j'avais cru que les armées les
« plus fortes étaient celles qui frappaient les plus
« grands coups, mais en voyant celles de l'Autriche
« je change d'avis, et je suis forcé de convenir que
« les armées les plus fortes sont celles qui peuvent
« en recevoir davantage sans se désorganiser et qui
« peuvent se reproduire. »

Aujourd'hui, sommes-nous mieux organisés pour la résistance? Non! Rien n'est prévu, nous n'avons point de réserve, car nous n'appelons pas *réserve*, les hommes des contingents non appelés sous le drapeau, hommes sans chefs, sans instruction militaire, et qui seraient tout aussi privés d'impulsion que la nation le fût en 1814 et en 1815.

Nous ne perdrons pas de temps à déplorer l'absence de ce qui n'existe pas; nous allons entrer sans retard en matière. Le lecteur comprendra mieux le vide de nos institutions et de notre organisation militaires actuelles, il s'apercevra mieux de ce qui nous manque par l'exposé du système que nous allons développer.

En ne comptant que 30 millions d'habitants en France, afin de n'avoir pas ensuite à défalquer de nos calculs, une part pour les hommes hors d'état de rendre aucun service au *pays* (mot parlementaire qui, aujourd'hui signifie *patrie*); ce nombre 30 millions comporte d'après les tables de Duvillard,

6,094,856 hommes de 20 à 50 ans pouvant porter les armes.

Ce chiffe se décompose :

En 2,370,869 hommes de 20 à 30 ans,
En 2,036,905   *id.*   de 30 à 40 *id*,
En 1,687,082   *id.*   de 40 à 50 *id*;

c'est dans la première catégorie que s'opérera le recrutement de l'armée permanente. Le reste de la première catégorie, la seconde et la troisième formeront la *réserve*.

Sans doute, nos idées ne sont pas nouvelles, car elles rappelleront la *landwehr* allemande et la *landsturm*, mais comme nous trouvons inutile d'introduire dans notre langue des mots étrangers, nous adopterons les mots de *légions territoriales* de gardes nationales, pour exprimer les corps organisés avec les hommes de 20 à 40 ans et *légions d'arrière-ban*, celles qui seraient formées au besoin avec les hommes de 40 à 50 ans.

Ainsi, nous aurons pour former les légions territoriales, 4,407,774 hommes, moins ce qui en aura été pris pour l'armée permanente.

Par suite de l'organisation que nous avons proposée pour l'armée permanente; surtout par suite de la nouvelle fixation de la solde qui mettrait le défenseur du pays à l'abri du besoin, l'admettrait même à la participation du bien-être qui se répand de plus en plus, et ferait de l'état militaire une carrière avantageuse; par suite de l'institution des primes d'engagement fixées à 300 fr. par hommes pour un engagement de 12 années; nous avons la ferme conviction que l'engagement volontaire suffira, et au-delà, à l'entretien du contingent de l'armée active... Il est, dès lors, évident que la conscription serait réellement abolie, et qu'il n'y aura plus de place dans la *loi* pour le remplacement.

Mais si personne ne doit faire partie de l'armée contre son gré, il n'en sera pas de même de la réserve, dont personne, sous aucun prétexte, ne pourra se faire rayer avant l'âge de 50 ans. La qualité de soldat des légions territoriales assujettira à des rassemblements et à des exercices du dimanche : cependant, comme le nombre 4,407,774 d'hommes, pour la réserve, est considérable et peut répondre à toutes les éventualités, un certain nombre pourra, sans cesser d'y compter, se faire exempter des obligations de la milice, moyennant une prime en argent payée au trésor.

Ainsi, tout citoyen de 20 ans, recevra une pancarte en parchemin, en tête de laquelle sera copié son acte de naissance, et indiquant à quelle légion et partie de légion il appartient primitivement. Cette pancarte sera renfermée dans un étui en fer blanc et contiendra 80 cases correspondantes aux 80 trimestres des 20 années, de 20 à 40 ans, pendant lesquelles il fera partie des légions territoriales. A la fin de chaque trimestre, le capitaine commandant la compagnie apposera, dans la case correspondante à chaque trimestre, une attestation de présence pour tous les dimanches du trimestre.

Chacun sera libre de voyager, mais en arrivant dans la localité dans laquelle le légionnaire voudra se fixer, il sera tenu de remettre à la police sa pancarte avec son passeport. La pancarte sera envoyée au capitaine commandant la compagnie de ladite localité, lequel inscrira d'office le milicien, pour l'assujettir aux exercices et aux rassemblements du dimanche et faire partie de cette compagnie, tant qu'il demeurera dans la localité. Tout légionnaire qui n'aurait pas rempli cette obligation, et dont la pancarte offrirait des cases blanches, antérieures à l'époque où elle serait examinée, serait passible de peines qui seront indiquées plus bas.

Mais comme dans l'état actuel de nos mœurs, les mesures rigoureuses doivent toujours trouver un adoucissement, tout légionnaire qui voudra se dispenser de ces obligations du dimanche, sera tenu de payer par trimestre, et dans la caisse du receveur des contributions, la somme de 25 francs, contre laquelle il lui sera donné un récépissé extrait d'un registre à souche, en même temps que sur la case de sa pancarte correspondante au trimestre payé, sera mentionné par le receveur, le versement fait et timbré d'un cachet particulier (1). Cette annotation constatera le droit d'absence des exercices.

Nous avons l'assurance que le produit de ces exemptions donnera une somme annuelle de 60 millions de francs. Voici sur quoi se base notre calcul : sur 560,000 hommes appelés par la conscription en sept années, 80,000 se font remplacer moyennant une somme qui approche 2,000 francs par tête. De même pour échapper aux obligations du service des légions de gardes nationales territoriales, devant durer 20 ans, on trouvera également 80,000 individus sur 560,000, ou bien environ 570,000 mille sur les 4 millions qui forment les deux catégories de 20 à 40 ans : seulement cette somme de 2,000 francs, moyen-

(1) Le receveur ne devra prélever aucune part proportionnelle pour le recouvrement de cet impôt.

nant laquelle on échappera au service des légions, au lieu d'être payée de suite, ne sera exigible qu'en 20 ans, c'est-à-dire 100 francs par an ou 25 francs par trimestre. Les 570,000 exempts à 2,000 fr. par tête, ou 100 fr. par an, produiront donc une somme de 57 millions par an, somme qui sera portée à 60 et même 80 millions, si l'on considère les facilités de paiement.

Peut-être se récriera-t-on sur l'énormité de cette taxe de 100 fr. par an pour s'exempter de ses devoirs de soldat de la réserve. Qu'on ne confonde pas une *taxe facultative* avec un impôt voté, et par conséquent obligatoire. Si l'impôt doit être modéré en général, il n'en saurait être de même des sacrifices au moyen desquels on peut se dispenser d'obligations qu'on trouve gênantes : si le titre de citoyen confère des droits, il doit nécessairement, aussi, imposer des charges.

Nous avons dit que tout soldat des légions de la réserve, dont la pancarte présenterait des cases blanches, non revêtues d'un cachet de présence et d'accomplissement de ses devoirs, serait passible d'une peine : cette peine consistera en une amende de 50 fr. par trimestre.

Tout soldat des légions qui, pour un voyage ou tout autre motif, aura besoin d'une exemption, l'obtiendra sans la demander, moyennant versement, chez le receveur, d'une somme de 25 fr. par trimestre, ou d'une somme de 9 fr. par mois, s'il n'a besoin que d'un mois ; aucun versement ne pourra être moindre que pour un mois, et les mois se compteront du 1er au 30 ; en sorte, qu'un empiétement d'un dimanche, sur le mois suivant, donnera lieu à un second versement de 9 fr.

Toute exemption pour maladie devra être demandée non seulement par le médecin du malade, mais par deux soldats de la même escouade.

Les sommes produites par ces exceptions seront appliquées au budget de la guerre.

Mais, passons à l'organisation matérielle des légions

territoriales. En défalquant des 4,407,774 hommes disponibles, de 20 à 40 ans, les 570,000 hommes qui se feront exempter moyennant la taxe de 100 fr. par an, et les 197,000 de l'armée, il restera un effectif de 3,644,774 hommes.

Cet effectif sera divisé en 500 légions de 7,289 hommes chacune.

Chaque département de la France contiendra autant de légions que sa population d'hommes inscrits sur la réserve contiendra de fois 7,289 hommes.

Chaque légion se subdivisera en 6 bataillons de 1215 hommes.

Chaque arrondissement de la France contiendra autant de bataillons que sa population de légionnaires contiendra de fois 1259 hommes.

Chaque bataillon, en 8 compagnies de 157 hommes.

Chaque commune, en autant de compagnies qu'elle contiendra de fois 157 légionnaires.

Il arrivera, sans doute, que des arrondissements ne pourront former un bataillon, alors 2 arrondissements seront joints pour cette formation.

De même, souvent une commune ne pourra composer à elle seule une compagnie, alors plusieurs communes seront désignées pour concourir à cette formation.

Chaque compagnie sera divisée en 2 *pelotons* de 76 légionnaires, chaque peloton en deux *subdivisions* de 38, et chaque subdivision sera divisée encore en 2 *escouades* de 18 hommes, subdivisées de nouveau en 2 *demi-escouades* de 9 hommes.

Ainsi la réserve se composera de

    500 légions.
  3,000 bataillons.
 18,000 compagnies.
 36,000 pelotons.
 72,000 subdivisions.
144,000 escouades.
288,000 demi-escouades.

On comprend qu'il ne s'agit point de réunir en

armée une ou plusieurs légions, ni même plusieurs bataillons sous les armes, si ce n'est dans quelques villes populeuses ; encore, tel n'est pas le but de l'organisation de la réserve ; il ne s'agira pas non plus de convoquer ces fractionnements de légions pour apprendre les grandes manœuvres. Mais il suffira que chaque légionnaire connaisse le maniement des armes, c'est-à-dire l'Ecole du soldat et l'Ecole du peloton pour que l'éducation de la réserve soit suffisante.

Le but principal de cette organisation est de hiérarchiser la nation, afin que chacun sache où se réunir, à qui obéir, en cas d'invasion du territoire.

La répartition du territoire de la France en 500 légions, sera l'objet d'un travail spécial. Chaque légion sera parfaitement fixée sur l'étendue et la désignation du territoire sur lequel elle aura à agir, et dans quelles circonstances elle devra agir. Les rassemblements des légionnaires n'auront lieu que par bataillon et compagnie, et voici pourquoi :

En temps de guerre, l'armée active sera de 410 mille hommes.

Seule, cette armée aura la mission de combattre en ligne les colonnes ennemies qui envahiraient le territoire. Cette manière de combattre ne peut être assignée à la réserve ; car, si on avait l'imprudence de mettre en ligne les légions territoriales vis-à-vis un ennemi exercé, il ne pourrait en résulter que des désastres ; mais il n'en sera plus de même si on charge les légionnaires du rôle de tirailleurs, entourant sans cesse l'armée ennemie, la harcelant et lui faisant éprouver en détail des pertes qui l'affaibliraient tous les jours.

En présence de la population armée, l'ennemi sera obligé de rester réuni en corps nombreux, car se morceler pour poursuivre des tirailleurs dans leurs propres localités, serait courir à une perte certaine, attendu que chaque détachement aurait non-seulement affaire aux légionnaires, mais à l'armée de ligne.

Si le million d'ennemis qui a envahi la France en 1814 et 1815, avait rencontré sur les diverses localités qu'il a traversées, un million de tirailleurs connaissant tous les chemins, les moindres sentiers, tous les ravins, les chemins creux les plus ignorés, ainsi que tous les obstacles qui peuvent arrêter une armée, il est probable que l'envahissement n'eût pas eu lieu.

Ainsi, selon que telle ou telle frontière sera menacée, chacun saura quel est son poste et ce qu'il a à faire.

Examinons actuellement le cas où les enrôlements volontaires ne suffiraient pas pour recruter l'armée : affirmons d'abord que, pendant la paix, cela ne sera pas à craindre, attendu que l'effectif 197 mille et quelque cents hommes, est déjà plus qu'à moitié atteint par 80 mille remplaçants et 30 mille enrôlés volontaires, ce qui fait 110 mille hommes, restera 87 mille et quelques cents soldats à trouver ; il est évident que la prime d'engagement, la solde presque doublée, et l'existence honorable accordée aux officiers par les tarifs que nous proposons, sont un sûr garant, que, loin d'avoir à contraindre les hommes au service, on n'aura que la peine de choisir et de refuser ceux qui se présenteront au delà de l'effectif de paix.

Nous avons également la conviction que ces avantages, joints au système de retraite que nous développerons tout à l'heure, suffiront pour porter l'armée au pied de guerre, soit 410 mille hommes par des engagements volontaires.

Néanmoins, dans le cas où nos prévisions pour le pied de guerre ne se réaliseraient pas, nous accordons que pour cette éventualité, seulement et temporairement, on pourrait disposer d'une partie de la réserve par la conscription ; le sort y pourvoirait ; mais alors pour ces hommes contraints par la loi à servir la patrie, la prime d'engagement serait supprimée.

Le remplacement serait interdit, mais les substitutions seraient permises, c'est-à-dire, que les hommes du même canton et du même tirage pourront changer leurs numéros.

Aux considérations de défense du sol de la patrie en cas d'invasion, que nous avons invoquée pour motiver la formation d'une réserve nationale, nous ajou-

terons ici quelques autres considérations d'ordre pu-
plic. N'est-il pas certain que l'élément principal du
désordre est le défaut d'organisation? Or, le moyen
d'organiser est de hiérarchiser la nation.

Si on adoptait l'organisation que nous proposons, il
y aurait à remplir :

      500 places de colonels de légion.
   3,000   *id.*   de chef de bataillon.
 18,000   *id.*   de capitaine en 1er.
 18,000   *id.*   de capitaine en 2e.
 36,000   *id.*   de lieutenant en 1er.
 36,000   *id.*   de lieutenant en 2e.
  3,000 places d'adjudants-majors.
 36,000 places d'adjudants (faisant fonctions de
        sergents-majors).
144,000 places de sergents-majors (faisant fonc-
        tions de sergents).
288,000 places de sergents (faisant fonctions de
        caporaux.

en tout 582,500 emplois gratuits, mais toujours convoités.
Les 582,500 titulaires de ces emplois seraient autant d'hommes répandus en réseau sur la société,
et investis de la mission de veiller à l'ordre, et
d'autant plus portés à exercer une surveillance honorable, qu'à chacun de ces emplois gratuits serait atta-
ché de droit, l'espoir d'être investi d'un des emplois
salariés par le budget.

Les idées de partage violent des propriétés, ne se-
raient-elles pas bien affaiblies par les habitudes d'ordre qui naîtraient nécessairement de cette hiérarchisa-
tion de la population virile? et plus la nation serait
organisée, plus il serait difficile de rétablir un Gouvernement oppresseur, dans un tout aussi fortement
constitué.

Tel est l'abrégé de ce que nous avons à dire sur
l'organisation d'une réserve véritable, elle est simple;
c'est pour cette raison majeure que nous espérons quelle
sera prise en considération.

RETRAITES.

Les retraites militaires actuelles sont insuffisantes, le tarif que nous en mettons sous les yeux du lecteur le prouvera surabondamment.

Minimum à 30 ans de service.	Avec 30 ans de service et 20 campagnes.	
Colonel. . . . . 2,400 f.	3,000 f.	Après 12 ans de grade on obtient le 1/5 en sus.
Lieutenant-colonel.		
Chef de bataillon. 1,500	2,000	Les pensions des veu-
Capitaine. 1,200	1,600	ves sont d'un quart de
Lieutenant. . . . 800	1,200	celles des militaires
Sous-lieutenant. . 600	1,000	morts.
Adjudant. 400	600	
Sergent-major. . . 300	500	
Sergent. 250	400	
Caporal. 220	340	
Soldat. 200	300	

Comment se fait-il qu'avec des fixations si modestes le budget des retraites militaires soit d'environ 40 millions par an?

Cela vient de ces fixations d'âge au-delà desquels de vieux et bons serviteurs devaient céder leurs places aux favoris des princes déchus. Or, nous le demandons, en temps de paix quelle nécessité pouvait-il y avoir de rajeunir, comme on le disait, la tête de l'armée? Outre l'immense inconvénient de grever inutilement le budget, on accumulait à la tête de l'armée des officiers supérieurs et des généraux qui n'avaient fait aucune preuve. En conservant donc, en temps de paix, les officiers aussi longtemps qu'ils pourront servir, on se réservera une foule de vacances pour les capacités que produira la guerre et on amoindrira le budget des retraites.

Mais il faudra nécessairement, pour éteindre cette soif d'avancement, qui n'était surexcitée que par l'insuffisance de la solde, adopter nos nouveaux tarifs de solde; car, alors, chacun pourra attendre, dans le bien-être de sa position actuelle un avancement qui ne sera plus une nécessité d'existence.

Nous croyons donc que, dès à présent, on peut fixer le tarif des retraites de la manière suivante :

Colonels..	5,000
Chef de bataillon ou d'escadron.	3,000
Capitaine.	2,400
Lieutenant..	2,000
Sous-lieutenant.	1,800
Adjudant.	1,200
Sergent-maj. ou maréch. de logis chef.	600
Sergent ou maréchal des logis.	500
Caporal.	460
Soldat.	400
Intendant militaire..	5,000
Sous-intendant..	3,000
Adjoint.	2,400
Chirurgien principal.	3,000
Chirurgien major.	2.400
Chirurgien aide-major.	2,000

Les pensions des veuves fixées au 1/3 au lieu du 1/4.

Nous avons donc l'intime conviction que lorsque l'impôt sur les exemptions des exercices de la réserve, se régularisera, il fournira tout le budget des retraites militaires et bon nombre de millions en sus.

Nous pensons également qu'en temps de paix il faudra fixer un minimum d'années de service, au-dessous duquel on n'accordera aucune retraite, le voici :

Colonel et chef de bataillon, 40 ans de service ou 30 ans avec des infir-
mités constatées.

Capitaine, lieut. et s.-lieut. 35   id.   id.

Sous-officiers,   30   id.

Soldats,   30   id.

Les commandements de place seront donnés à des officiers en retraite, encore assez valides, pour un service sédentaire, ils auraient droit alors à un logement en nature.

Tel est l'abrégé de ce que nous avons à dire sur les retraites.

CONCLUSION.

Nous ne nous dissimulons pas que toutes les spécialités de l'armée, tous les ambitieux, feront une énergique opposition à nos idées; nous avons même la certitude que le Comité de défense organisé depuis peu ne goûtera pas ces idées. Mais la question se pose en ces termes, veut-on continuer les errements si dispendieux du passé, pour n'être jamais prêt à la guerre? Si cela est, on a bien fait de nommer un comité de défense, car nous avons la conviction qu'il ne sortira rien de neuf ni d'utile de cet *encommissionnement* du salut de la Patrie.

Pourquoi a-t-on exclu de ce Comité de défense M. le général Duvivier (F.-F.)? Peut-être est-ce parce qu'il est l'auteur du livre intitulé *de la Défense des états*.

Si on veut réellement organiser la défense, il n'y a qu'un moyen, c'est de compléter la cavalerie, l'élément actif des batailles, c'est de centraliser les ressources militaires de la France dans la grande place de Paris, c'est de créer une véritable réserve, c'est enfin d'avoir une armée recrutée d'hommes de bonne volonté et non en vertu d'une loi qui a eu le double inconvénient de priver l'agriculture de ses bras et de créer la traite des blancs.

Si on veut réellement créer la défense de la Patrie, il faut agir au lieu de parler (ce qu'on fera beaucoup dans le Comité de défense), il faut avant tout fermer les nombreuses effluves par lesquelles s'écoulent les finances de la France, si énergiquement appelées le *nerf de la guerre*.

TABLE DES MATIÈRES.

www.ingramcontent.com/pod-product-compliance
Lightning Source LLC
Chambersburg PA
CBHW060623200326
41521CB00007B/868